不只是學習歷程
而是你

　　回想起以前自己還是實習老師的時候，不管參加什麼活動、準備什麼課程、或者跟學生的相處，都要記得拍照，並寫下一段文字，然後放進資料夾，一切都是為了終極目標「教師甄試」做準備。那時參加教甄口試，光是決定個人簡歷要用三折頁呈現？還是釘成一本冊子？都可以糾結很久。因為面對人生重要的十字路口，你一定會全力以赴。

　　我發現現在的學生真不簡單，當時我們求職要面對的挑戰，他們竟然提前面對了，這挑戰也就是「學習歷程檔案」。不過顯然，每個學生對他的認知不一樣，有人把他當上傳學習單，隨便交差；也有人把他當例行公事，中規中矩。等到真的面對大學甄選，才發現自己的「學習歷程檔案」乏善可陳，但是已經來不及了。

　　我必須說，仕親老師的《別被「平凡」的學習歷程，耽誤你「非凡」的人生》，就是你「學習歷程檔案」的救星！因為他跳脫制式的框架，從個人品牌經營的思維，讓你的學習歷程檔案脫胎換骨，這點非常重要。你要想，當教授得看這麼多人的檔案，你能用什麼吸引他的注意力？拿什麼讓他覺得你和別人不一樣？所以如果你還是用制式寫法，那就注定淹沒在人群中，因為大家也都是這麼寫的。

　　但是仕親老師就是有辦法帶你突圍，因為他在長久輔導

學生升學，以及經營Youtube的過程中，練就他對掌握注意力的敏銳度。所以在這本書裡，他會告訴你：「學習歷程檔案要成為高級的業配，不要變成討人厭的廣告」、「無意義的多元會讓人遺忘，精準的內容才能創造價值」、「勉強切割難以表現成長軌跡，合併嫁接輕鬆串聯不同事件」這些關鍵的心法，也會帶你手把手地學會怎麼寫簡介、怎麼下標題、怎麼寫歷程反思等。一開始你可能會不太習慣，這很正常，因為你正在對抗平庸的慣性，你會擔心：「這樣真的可以嗎？」、「可是大家都是那樣寫耶！」、「這寫法會不會太高調？」不過你終究會克服的，你會翻開這本書，正是因為你渴望著非凡人生。

　　高中三年，不只是青春回憶，更是屬於你的英雄旅程。前提是，別讓他煙消雲散，學會寫好學習歷程檔案，讓大學教授看見你的傳奇史詩，開展下一場璀璨冒險！

歐陽立中

歐陽立中

暢銷作家、爆文教練、演說專家。前高中國文教師，研發創意教學法。《Life不下課》Podcast主持人，專注於個人品牌經營和閱讀效率提升。出版多本教育和個人成長領域書籍。

學習歷程不只是一份檔案，
也是一種能力

多年前和一位即將畢業的學生閒聊，他提到大學四年明明非常精彩、做了好多無與倫比的大事，但好遺憾，感覺什麼都沒有留下：「如果大學畢業時學校要求我們需要彙整一份像當初申請大學時做的備審資料，就太棒了。」這是我第一次體悟，如果可以替自己在人生不同階段留下蛛絲馬跡，或許是一件很有意義的事情。

整理「學習歷程」確實很燒腦。這項制度隨著108課綱上路時，不僅讓高中生和家長們惶惶不安，大量瑣事也轉嫁到課諮老師的肩上。我認識作者黃仕親老師已超過十年，看著他從體制內的輔導組長，到網路輔導平臺的YouTuber，清楚他一路走來始終站在協助學生化解種種疑難雜症的諮詢位置上，真心覺得不容易。這本《別被「平凡」的學習歷程，耽誤你「非凡」的人生》，仕親老師從年輕人熟悉的YouTuber切入，結合他豐富的第一線經驗與歷練，拆解「學習歷程檔案」的目標立意和準備方向，整本書充滿飽飽的養分。

如果你問我「學習歷程檔案」到底是什麼？我想我會把它看成是一道「菜」，而彙整學習歷程檔案的過程，就似整套的料理過程，從採買、烹調到擺盤。舉例來說，做菜不能缺少油鹽醬醋等必備品，就像學習歷程中的「修課記錄」，一定得買、不買不行；每學期上傳的「課程學習成果」和「多元表

現」則類似蔥薑蒜胡椒辣椒等提味用品，能全數備著最好，缺個幾樣影響也不大；至於「學習歷程自述」就要精準些，蕃茄炒蛋就一定要買蕃茄和蛋、青椒肉絲那就非要準備肉和青椒不可。當然若還不清楚想做什麼菜，就盡可能先把蛋和肉備好吧，因為很多料理都用得到。採買齊全，下個階段的烹調就會輕鬆。

在閱讀《別被「平凡」的學習歷程，耽誤你「非凡」的人生》時，深刻感受到書中的章節層次就是一個「採買」、「烹調」、「擺盤」的過程。在序章的Tone中，仕親老師強調以「YouTuber調性展現個人品牌」，這就像主廚在採買時會想像自己想做的那道是什麼「菜」。食材當然不是買來之後全部都得用上、食材當然也不是愈貴、愈獨特就愈好，就像書中「黃金圈理論」所言，把所有貴重食材不由分說全數端上桌，就只做到了WHAT而已，欠缺HOW或欠缺WHY，都沒辦法讓這道菜有特色。

我分享一個例子。曾經看過一位學生的備審資料放了好多出國旅遊的照片，強調已經走過四十多個國家、探訪過無數的世界文化遺產，父母很願意花錢讓他走萬里路。很好，但問題來了。這些海外經歷能凸顯個人什麼樣的特質？資料中並沒有好好說明，這就好像是把松露、鵝肝醬、魚子醬三大珍品跟著龍蝦、鮑魚一起端上桌，華麗豐盛但不知所以然。

後來這個學生來面試，我記得我問他旅費是自己打工賺的

嗎？還是路線是由他來規劃的？結果都不是，可想而知效果當然適得其反。所以與其放這麼多，還不如結結實實挑出幾個可以說出HOW或WHY的，好好發揮、寫下感動。

採買得齊全，下個階段的烹調就會輕鬆。書裡第二章的Admin和第三章的Guideline，就是在告訴同學們該如何「烹調」。仕親老師用「以終為始」的方式引導大家如何從大學端的立場，來好好抓住學習歷程檔案的精髓，書中進一步以他自身的碩士論文為例，闡述學習歷程檔案的評分指引。

事實上，大學各校系依照規定都有一套所謂的學習歷程檔案「評量尺規」，這套評量尺規並不對外公佈，以致讓高中端似乎無所適從。但必須說，大學教授很難依照評量尺規一一評分，所以最後通常是揀選最在意的項目，有的教授比較在意「修課記錄」、有的認為「自主學習計畫與成果」可以展現積極性、有的則會專注在「非修課記錄之成果作品」、「檢定證照」上。但每位教授心中那把量尺還是存在，且審查分數若出現較大差距，還必須召開會議進行差分處理，也因此，雖然看似非常主觀的評量尺規，但實際上不至於產生嚴重偏頗。

也因此，我相當贊成仕親老師歸納彙整值得參考的質化指標，即「資料分析能力」、「文字表達能力」以及「校系關聯程度」。因為整份的學習歷程檔案當中，你根本無從知曉有哪幾項檔案會被教授點開閱讀，但「資料分析能力」、「文字表達能力」及「校系關聯程度」就像是烹調技巧，每項個別檔案

都可以發揮技巧，埋入若干元素或線索，讓人嗅出差異。

比方說，「F自主學習計畫與成果」雖無法提供校系關聯性，但展現文字表達能力、資料分析能力還是可能的；校系關聯程度就可透過「J競賽表現」、「K非修課記錄之成果作品」來表述；尤其校系非常注重的NOPQ，更是需要將「資料分析能力」、「文字表達能力」或「校系關聯程度」適當嵌入，這份學習歷程檔案就不會失焦。這個部份，本書有詳盡的說明。

換句話說，客人希望料理要少油、少鹽、少辣，身為料理人就該盡量朝這方向進行，結果你不調整烹煮方式端出一道又辣又鹹的川菜，那客人肯定失望。

最後，是「擺盤」。任何一道菜，擺盤是靈魂；擺得好可以媲美米其林、胡亂擺就會像剩菜。本書的第四章Strategy就是非常完整的檔案呈現技巧，鉅細靡遺地把YouTuber式行銷策略融入學習歷程檔案之中。尤其難得的是，仕親老師將林林總總的資料項目分別歸類成「個別性檔案」和「綜整性檔案」，清楚爬梳了這兩種類型的差異以及需要凸顯的核心，值得大家好好咀嚼與琢磨。

再分享一個小心得，多年審查經驗裡，我對於能夠透過圖或表（非照片）來呈現的檔案，是給予比較高的評價的。相信我，絕大部分的審查教授是會點開檔案閱讀的，只不過在琳瑯滿目的審查資料中，要如何不讓教授在密密麻麻文字裡找重點，且在看出學生歸納統整能力的同時，也能看到這份檔案和其他人的差

異性，真的需要一些擺盤策略。不過還是得強調，擺盤手腕再好，食材準備的不夠或是缺乏品質的食材，仍是不太容易烹調出好滋味，大學教授還是嚐得出來這道菜不太可口。

　　學習歷程檔案千萬不要造假、也千萬不要急就章，大家可以在高中階段就好好採買、好好磨手藝、好好學擺盤，把這本書當成秘笈反覆思量並演練。這份檔案製作的過程會內化成一種能力，有朝一日會變成一種態度。當日後回想起走過的許多階段，相信將不再有「往事霸圖如夢」之憾。

崔曉倩

崔曉倩

國立中正大學經濟學系教授。筑波大學經濟學博士，專長包括產業經濟、應用個體經濟、亞太經濟。研究焦點在企業策略性行為。

用學習歷程檔案迎來爆紅的一瞬間

我認識仕親大約8年，剛認識時，他是中學的輔導老師，有時會邀我到學校分享我的專業。仕親是一位很認真的輔導老師，如何看出？108課綱開始，他在教育學研究所的論文題目就是研究108課綱中的學習歷程檔案，之後還經營YouTube頻道，教學生如何預備「備審資料」。讓我最佩服的，還是他2023年離職，全職經營他的頻道，現在還出書。

每年大學推甄，我看學生的「備審資料」，大家寫得都差不多，若不是小時候養過小動物，就是過去有親人生病，所以對生命科學感到興趣，偶而有一兩份有參加過科展的，或是附上英檢成績。的確，能寫出一份好的「備審資料」，不單可以幫到學生自己，也可以幫閱讀者清楚明白，最重要當然就是希望可以拿到比較高的分數。對於不會預備「備審資料」的同學，仕親的新書教學生如何準備一個eyecatching的「學習歷程檔案」，如何建立NOPQ綜整性檔案。仕親用經營YouTube頻道更新影片作比喻，要「持續更新」自己的學習歷程，可能提升觀眾對你的信任、專業、以及品質。相信在前言提到的學生，應該是使用了仕親提供的方法，才會讓他在大學推甄面試時，面試教授才注意到那位同學「備審資料」中比較特別的內容。我個人覺得這些方法不單是

在幫助同學預備「備審資料」，在同學畢業後，在預備自己的履歷時同樣重要。相信你閱讀本書後，「可以迎來爆紅的一瞬間」。

陳永恩

陳永恩

中正大學生物醫學科學系教授。專攻癌症表觀遺傳學、免疫學、系統生物學、生物資訊。參與國際學術會議，如日本癌症學會和美國癌症研究學會。

從黃金圈談學習歷程準備

　　黃金圈法則是由賽門‧西奈克（Simon Sinek）提出。黃金圈是三層同心圓，由外到內分別是做什麼what、怎麼做how，與為什麼why。他提到：每個人的心中都一定會有「為什麼」。真正激勵自己、打動人心的關鍵，不是你做什麼，而是你為什麼而做。

　　鑽研做什麼（what）與怎麼做（how），不管再厲害都可以被取代。找到核心的「為什麼」（why），才能喚起深層情感、號召共同理念。西奈克發現，多數人習慣從比較具體清楚的事開始做，模糊、難形容的擺最後。所以我們很容易忙碌於黃金圈外層的「做什麼」與「怎麼做」，而忘了「為什麼」而做。

　　這跟我們學習歷程檔案與申請入學有什麼關係呢？

　　我們從以前的備審資料到現在的學習歷程檔案，同學在呈現資料時都有共同的通病，著重在what的堆積、集點，反而忽略了動機why的闡述才是教授在審查資料、面試時，最想看到、最想聽到的。

　　各位是否好奇，為什麼教育部將書審檔案命名為「學習歷程檔案」，而不是「學習檔案」？從字面解釋，學習檔案

就是what，特別加了歷程兩個字，就是強調歷程、過程的重要性。希望同學不僅呈現你做了什麼、做出哪些成果，也要說明你是如何做出來的歷程，或者你在做這件事情，從不會到會做的學習過程。也就是how的說明。

如果用珍珠項鍊來做比喻，學生在學習歷程檔案勾選上傳的課程成果、多元表現，這些一個個各自獨立的檔案，就像是一顆顆的珍珠，個別看或許都不錯，但就是一顆珠子，只有靠繩子把這些珍珠串起來，一條完整的珍珠項鍊才算完整呈現，也才能欣賞到一整串珍珠的璀璨。學生整體的形象就是那條珍珠項鍊，他所做的檔案就是珍珠，學習歷程自述以及性質相近的多元表現綜整心得就是串起脈絡的鍊子。

很榮幸能第一時間拜讀仕親老師的新書稿。他在書中把學習歷程檔案的觀念講得非常透徹，基本上黃金圈法則的why、what、how都回答到了。為什麼他能將這個議題談的這麼清楚呢？除了本身碩士論文是研究學習歷程尺規之外，他之前也是一位在高中教學現場的輔導老師，恰恰好就是輔導學生如何做好生涯規劃、探索歷程的角色。他為了跟學生一樣感同身受自主學習與學習歷程檔案這些新議題，從2021年9月開始，便跟學生一起進行自主學習，當時他選定的題目是「經營自己的

YouTube頻道」，以他最擅長的升學輔導作為「47雲端輔導室」YouTube頻道影片主軸。仕親老師這段經歷跟我有點相似，我也曾在疫情那段時間，當全國教師都在線上授課時，因為校長沒有實際授課，那我該如何與學生、家長接觸呢？於是我也開始錄製影片、Podcast，嘗試把一些理念、經驗跟老師、學生與家長溝通。無心插柳下，意外的頗受好評，因為網路無遠弗屆的特性，我的頻道「延選好學」影片都是公開的，不只我自己學校的親師生受惠，最後連外縣市的學生與家長，也透過網路詢問我有關教育的議題。雖然會增加我一些工作負擔，但我甘之如飴，欣喜自己能以專業發揮正向影響力讓臺灣的教育更好。

　　仕親老師比我了不起的地方，是他這個頻道維持定期更新到現在，而且愈做愈好。反觀我的頻道在疫情結束後，就進入半停更狀態，公餘有空時才錄製。相較之下，仕親老師的毅力著實令人佩服。他在這本書中將YouTube的經營技巧融入學習歷程檔案製作，從「品牌調性」、「經營管理」、「內容引導與寫作指南」以及「行銷策略」四個部分，手把手教導學生如何創建專屬的個人標籤，讓你的檔案有個人特色，教授能在最短的時間看到你的亮點，判斷你是否適合就讀。仕親老師這本書，不只談技巧，也無私分享了許多珍貴的心法。例如他借用YouTube「持續更新」的經驗，談到為什麼學習歷程檔案也需要有累積性，因為只有一次參與表演活動的經驗，沒有持續累積，是很難讓教授相信的。也正因

為長期的積累，讓這個領域的學習品質不斷優化提升，專業性自然就顯現出來。

　　強力推薦仕親老師這本新書，我認為是一本談學習歷程檔案的寶典，也是有意想經營教育自媒體的絕佳參考。我看完之後，有點汗顏，不該再用忙碌當藉口，該回頭去掃掃自己頻道的灰塵了，參考仕親老師分享的經驗，繼續為教育的共好來盡棉薄之力。

陳勇延

陳勇延

興大附中校長。擁有YouTube頻道「延選好學」，提供教育相關優質內容。曾獲教育部師鐸獎。

《別被「平凡」的學習歷程，耽誤你「非凡」的人生》推薦序

　　108課綱「學習歷程檔案」在現今大學甄選入學佔有關鍵性角色。如何寫出具個人標籤的學習歷程檔案，讓自己贏在學習的起跑點，並在未來升學的競爭中脫穎而出，是現在高中生必須自我探究及強化的能力。

　　仕親老師是知名且專業的生涯規劃及升學輔導YouTuber，他透過自身豐富的升學輔導實戰經驗，以及經營「47雲端輔導室」YouTube頻道的自主學習歷程，

　　告訴大家透過「持續更新」才能為學習歷程帶來「提升信任」、「提升專業」、「提升品質」的效益，進而記錄屬於自己成長故事的學習歷程檔案。

　　當你對「學習歷程檔案」存有疑惑無法掌握方向時，仕親老師《別被「平凡」的學習歷程，耽誤你「非凡」的人生》這本新書肯定讓你豁然開朗並獨樹一幟，絕對值得細細品味。

陸炳杉

陸炳杉

高雄市立中正高級中學校長、國教署生涯學科中心主任。

仕親老師是兼具有「勇敢」
與「開創」特質的年輕老師！

　　幾年前因為鼓勵學生依照108課綱的精神與要求，培養「自主學習」的能力，仕親老師勇敢的親自下海做示範，投入製作影片、開設youtube頻道，從發想內容、錄影、後製、下標衝點閱率……種種的網路行銷策略與做法，都是念教育、做輔導、當老師的他從沒學過的。但正因為得以真正從學生的視角，體驗自主學習的每一個步驟與卡點，仕親老師歸納出超多心法，並且結合了在校輔導製作學習歷程檔案的經驗，與自主學習而來的YT頻道行銷策略，開創出許多嶄新思維，進而轉化成淺顯易懂的學習歷程檔案教戰守則。這個從「國高中輔導老師」到「知識型Youtuber」的意外斜槓，不但創造了極高的點閱率，更獲得了親、師、生各界很大的迴響。

　　我幾次與仕親老師碰面，都能感受到他無心插柳柳成蔭的雀躍。而對於可以藉由「47雲端輔導室」接觸到更多學生與家長，他也只是謙稱回到擔任老師的初衷，甚至一直在想如何能夠極大化自己的經驗值，提供更多學子的幫助。

　　現在，仕親老師願意把自己這段親身體驗與學習的歷程與結果，用文字紀錄下來，並且加上高中輔導室現場與學生

肩並肩、手把手的實戰經驗，整理出這本獨一無二的學習歷程檔案專書。我看到書中生動的敘述、豐富的內容、以及方便隨時查閱參考的章節編排，相信對於有心做好學習歷程檔案的同學、以及有心想從旁給予意見的家長來說，都是一大福音！而對於在國高中升學現場的老師們來說，書中從不同角度解析、甚至是從評分介面去反推學習歷程檔案的製作重點與方法，更是非常寶貴的經驗，值得一再對學生耳提面命！

藉由仕親老師的這本專書付梓，我也想鼓勵正在升學壓力之中、偶爾會遇到挫折的同學們，正好可以藉著整理與製作學習歷程檔案的機會，跟著仕親老師書中的步驟與方法，深入認識自己的多元才能、找尋亮點與自我肯定。因為正是透過這個過程，讓同學們可以跳脫學業成績的制約，看見自己獨特的價值。如同當代作家三毛所說：「旅行是為了遇見一個真實的自己。」製作學習歷程檔案也就像是一場內在的旅行，幫助釐清與發現自己真正的樣貌、認識和肯定自己的獨特性，我相信同學們可以經由仕親老師的引導，建立起真正的自信，為未來的學習和挑戰打下穩固的基礎。

劉駿豪

劉駿豪

得勝者文教創辦人，升學輔導專家。以專業精準的分析聞名，並熱衷於教育推廣。

原以為是教你寫學檔，
　　結果是帶你真正認識自己

　　身為仕親老師的朋友兼Youtube鐵粉，這本書我期待已久；

　　身為巡迴全臺的學習歷程講師，這本書我更認為值得一讀。

　　因為這本書從作者自己經營Youtube的真實經驗切入，人人都能理解；當中不只有概念、有觀點、有案例，更是仕親老師自己的「學習歷程」。

　　學術界有句話說：「Publish or Perish.」。你研究有成果，只是第一步，接著還有兩條路，一是發表出來、讓全世界知道；不然就只能爛在肚子裡、沒人知道，最後連自己也漸漸遺忘。

　　在這個資訊爆炸的IP時代下，「十年寒窗無人問，一舉成名天下知」不再是真理，如何呈現自己的學習成果、讓人看得見、記得住，而進一步取得好機會，是每位學生現在就該開始思考的事！甚至在自己低潮的時候，這些記錄還能激勵自己堅持不放棄呢。

　　想法很好，但第一線的實務卻很「骨感」。

會找我改學習歷程的學生，本質上都很積極，當中也不乏優秀認真的人，但我常發現，這些同學明明有實際作品、甚至有得獎，怎麼在書面上看起來平平無奇？或到了高二、高三要選擇方向時，回顧過去的學習經驗或故事，卻腦海一片空白、說不出話來；甚至有好多人，只懂得用分數來呈現自己……這真的是我們期待的樣貌嗎？

我想，問題就出在「記錄力」與「表達力」的缺乏！

但明明有做筆記的習慣，記錄力怎麼會缺乏？學生個性也很外向開朗，表達力又怎麼會缺乏？事實上，許多筆記都只是照抄，是能應對傳統考試，但並非紀錄觀點；許多表達也未曾受過訓練，聽的跟說的都不深入，非常可惜。

這些顯然都是未來需要的能力，學習歷程也是一個很好的管道（雖然有點強迫），刺激學生建立這些能力；但在一般學校的課表中，無論是記錄或表達相關的課程，都很稀少。我想這就是這本書的價值，藉著引導學生寫出不平凡的學習歷程檔案，來發現自己作為一個獨特的人、或獨特的學習過程中，那份不平凡的價值。

在每年幫助上萬位師生、更直接輔導數百份學檔之後，我發現自己漸漸在改變：過去我著重於學習歷程的規範、概念、撰寫技巧和工具……等等，這些固然重要；但如今，我更在意的是，學生在過程中是否更認識自己、認識世界？是

否能看見自己的優點，也勇於表達自己的觀點？又是否認知到自己的缺點，進一步有意識地改變？

　　而這本書，就是極好的工具。不只和制度緊密相扣，更昇華出了許多核心能力，讓所寫出的學習歷程檔案，不只是一段文字、一份檔案，更能成為通往未來的階梯。

　　我誠摯推薦每一位同學、每一位老師和家長，一起來閱讀這本書。因為它不只教你寫學檔，更是帶你真正認識自己！

陳坤平

陳坤平

1111人力銀行學生職涯發展顧問、親子天下「用IG思維，做自己的學涯設計師」、學習歷程講師。

學習歷程的行銷思維：
教育創新之旅

　　我是「Only實驗教育 —— 陪伴拒學生轉自學」創辦人，畢業於國立高雄科技大學行銷與流通管理系碩士，曾與前高雄市立中山高中劉方輔導主任共同撰寫《高中生涯規劃教科書配套書 —— 學習歷程檔案完全攻略》，擁有20年備審資料與口面試輔導經驗，還有近年來的學檔及特殊選才輔導，輔導實務上透過「學習歷程檔案 —— 生涯輔導的關鍵『學生個人品牌行銷系統思考』」，先做學生的S.W.O.T分析後，在進行個人定位的S.T.P，再到行銷4P的個人行銷連結到備審資料及面試輔導，參考如下圖：

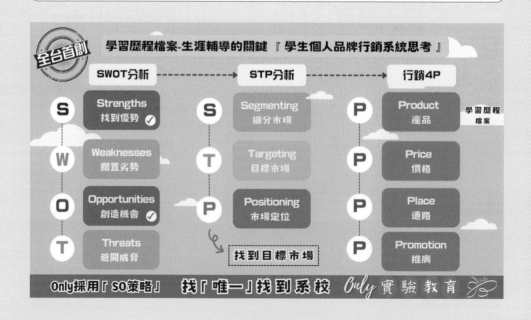

黃仕親老師寫的這本書跟我的理念有異曲同工之妙，將學習歷程輔導與網路行銷及社會實踐結合，轉化知識為實際應用，遠超過傳統僅作升學用途的做法，並培養具全球視野的年輕人，值得推薦。

　　黃仕親老師是一位在高中生涯輔導領域具有深厚專業的教師，專注於生涯規劃、升學資訊研究及學習歷程檔案影片的介紹。他在國內教育界備受推崇，是學習歷程檔案領域的頂尖專家，深刻影響著學生的升學之路。這是國內首本結合教育與行銷理論的學檔製作教學著作。仕親的YouTube頻道「47雲端輔導室」吸引超過兩萬訂閱者，其影響力獲教育部生涯規劃學科中心認可，委託他製作學檔教學影片。這進一步彰顯了這本書的珍貴之處，這本書代表著教育與行銷領域的創新融合。

　　本書深入探討了網路時代對學習歷程檔案製作的重要性，凸顯網路學習在改變人生道路上的潛力。它不僅引導學生展現自己的個人特質、活動經歷及專業知識，還介紹了學生如何創造記憶點，使教授對學生留下深刻印象。這本書鼓勵讀者以企

業經營的思維來規劃自己的人生，希望大家可以理解並實踐
書中的重要概念，從而在年輕時就開始沿著正確且積極成長
的路徑前行。

蕭典義

蕭典義

Only實驗教育創辦人。專注於陪伴自學家庭，推動「天賦自由、適性揚才」
的教育理念。

Contents 目次

03 Guideline：YouTube 式內容引導與寫作指南

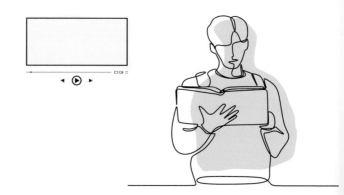

04 **Strategy：YouTube 式行銷策略融入學習歷程檔案**

Tone：YouTube 調性展現個人品牌

引言：同學，你是那個 一個晚上賠 100 萬的同學嗎？

「同學，你是那個一個晚上賠100萬的同學嗎？」這是我的一個學生在面試時，教授問他的第一個問題。他興奮地跑來跟我說：「教授有看我的書審資料欸！」

你能夠想像，當你去面試時，教授在數百份學習歷程檔案中，認出你是誰的那種雀躍感嗎？那就像是你在YouTube上發布一支影片，有一天在路上一個陌生的路人跑來跟你說：「你是那個『九天玄女降肉』嗎？」那是一種你的努力被看見、被認同的感覺。

TAGS：創建專屬於你的「個人標籤」

其實學習歷程檔案從來就不是一個評分的工具，它是認識一個學生的名片，是你給教授的第一印象。要知道，教授們在看你的學習歷程檔案時，是無法跟你面對面接觸的，就算你顏值再高、聲音再好聽、表達能力再好，都沒有辦法讓你在這個階段加分，大家都在同一條起跑線上。教授透過學習歷程檔案來初步認識考生，才是這個階段的目的 —— 注意這裡，我說的

是「初步」，意思就是篩選掉不好的，而非挑出好的，因為僅透過書面資料是不可能全面認識一個人的，最後還是要靠面試或其他方式來進行評比。既然不是評分，那我們的目的就不是把學習歷程檔案做得完整、做得正確，而是做得有特色、有辨識度 —— 也就是說，要有「個人標籤」。

經營YouTube，除了製作影片，還有一個非常重要、但卻極度容易被忽略的動作 —— 下標籤，也就是我們常說的Tags。很少人知道，一支影片最多可以下500個字的標籤；你知道為什麼要設置這麼多的標籤嗎？「標籤」的功能是索引，目的是幫助我們快速找到我們要的資料，如果標籤愈精準，就愈容易被搜尋到，那流量自然也會愈高；也就是說，如果我們的學習歷程檔案有精準的標籤，就更容易被教授注意到。但我們沒辦法在學習歷程檔案下標籤，那應該怎麼讓教授快速找到我們呢？答案就是在教授的印象中貼上屬於你的「個人標籤」。所謂的個人標籤就是審查委員看完你的檔案後要能夠用一個名詞來總結，這個特定的名詞，就是專屬你這個人的代名詞。就像是那個「賠100萬的學生」一樣。「個人標籤」是我在輔導學生製作學習歷程檔案的過程中，很重要的核心觀念，我也會不斷在書中提到這個名詞，並且透過TAGS這4個章節教你如何有效地為自己設置個人標籤，讓你的學習歷程檔案成為獨一無二的存在。

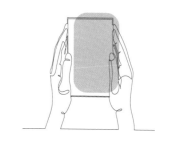

學習歷程檔案就像是你的 YouTube 頻道

　　當我們看到一支喜歡的YouTube影片，只要按讚，他就會進入我的收藏，下次就可以在「喜歡的影片」中找到它。而如果我們想多了解這位YouTuber，就會去他的頻道看看其他影片，進而也可能因為認同而訂閱這個頻道。

　　「教授喜歡看什麼樣的學習歷程？」這是每一位高中師生都關心的問題，就算辦了很多講座，但卻沒有一個正確答案，因為沒有一位教授的答案可以代表所有教授的立場。學習歷程的評分是一種質性評量，每個教授的喜好都不同，我們無法套用同一套標準。那這個問題要怎麼解呢？其實很簡單，我們就把教授看學習歷程時，當作自己在看YouTube一樣就可以了。

　　其實學習歷程檔案的評分概念就跟YouTube一樣，教授要在極短的時間內，審查大量的學習歷程檔案，那你可以想像教授所看到的評分介面就像是YouTube平臺，而學生是上傳影片的創作者，你勾選的學習歷程檔案就像是YouTube頻道中的一支支影片，最後呈現到教授面前的十多份檔案就是屬於你的YouTube頻道。而教授所做的事就是扮演觀眾，在眾多的學習歷程檔案中，挑選喜歡的檔案「按讚」，並從「喜歡的檔案」匣中進入你的「頻道」閱覽，看看你其他的作品，如果教授在看完你的作品後產生認同感，那你就會被教授「訂閱」囉！這樣你去面試時，就有極高的機率被教授認出來說：「啊！你是那個做ＸＸＸ事情的同學。」

「老師＋網紅」的學習歷程輔導新觀點

　　108課綱推出以來，學習歷程檔案一直是備受關注的重點升學採計項目，剛開始推行時有許多的新名詞出現，在教育現場的教師根本沒聽過，更別說要怎麼進行教學；其中，「自主學習」的討論度最高，為什麼？因為第一屆108課綱的學習歷程升學參採中，「自主學習」被大學參採的比例最高，將近9成，這給大眾的認知就是：「幾乎所有的學校都要看自主學習」。既然自主學習這麼重要，那要怎麼教？說實在的，當時根本沒有人知道。因此，為了希望能夠實際了解學生在製作學習歷程上的困難或盲點，於是從2021年9月開始，我便跟學生一起進行自主學習，當時學生選好題目後，我也選了一道題目，並且與學生一樣交作業，每週公開發表我的自主學習進度。

　　我選定的題目是「經營自己的YouTube頻道」。因為考量到需要持續上傳影片，我就挑選了我最擅長的領域：升學輔導。就這樣，「47雲端輔導室」誕生了，這個頻道的主題圍繞在高中升學與學習歷程檔案，成績還不錯；但你知道嗎？我是學教育的，不是學傳播的，我根本不知道怎麼經營YouTube。為了要把我的「自主學習」作業寫好，我還買了YouTube經營的線上課程回來自學，並且應用在我的頻道經營策略上。一開始，訂閱人數很少、成長很慢，於是我便根據在課程中學到的方法，不斷嘗試優化整個頻道。雖然頻道從來沒經歷過什麼爆發性的成長，每天都是以1、2位訂閱這樣

的速度在增加，然而當我的頻道訂閱人數增長到1000人時，我突然發現，這些影片就是我的學習歷程檔案啊！如果我將這些優化影片的做法，應用在輔導學生學習歷程檔案的製作上，那應該會是一種全新且有效的做法。因為，我確確實實地以這個方式得到了成果——達到YouTube的營利資格了（1000人訂閱且一年4000小時的觀看時長）。

為了在YouTube經營中獲得成功，有時候不擇手段的負面行銷也是必要的選擇，因為這樣在短時間內的效果最好、帶來的流量最大，但是在學習歷程檔案裡，我們不能營造負面形象，所以我們能做的是創造出獨一無二的個人標籤，讓教授看完馬上記住。筆者認為，所有好的產品，都來自跨領域的結合，在「老師」與「網紅」這兩個身份下，我了解學習歷程檔案的書寫原則，同時具有YouTube經營的實戰經驗，因此當我把「教育」與「網路」結合，這便成為我輔導製作學習歷程最佳的「學說理論」，我知道，這將會帶給學生全新的學習歷程寫作體驗。在這本書中，我會教你如何把YouTube的經營技巧融入在你的學習歷程檔案製作之中，從「Tone：品牌調性」、「Admin：經營管理」、「Guideline：內容引導與寫作指南」以及「Strategy：行銷策略」4個部分，手把手教你找到自己的個人標籤，讓你的檔案被教授快速記住、按讚，甚至訂閱起來。那麼就開始看我們的影片吧！抱歉，是看書才對。

學習歷程無法了解你，
但可以用個人標籤能讓人「記住」你！

NOTE

01
學習歷程檔案要成為高級的業配，不要變成討人厭的廣告。

「推銷」與「行銷」的差別

在開始經營YouTube頻道後，我因為有大量剪片的需求，原本的電腦已經跑不太動，必須換一臺。當時我在官網上找到一臺電腦，它的硬體配備是：「Apple M1晶片、8核心CPU、4個效能核心、4個節能核心、16核心神經網路引擎、8GB統一記憶體、24吋4.5KRetina，顯示器4480×2520解析度、每吋218像素、支援十億種顏色、500尼特亮度、廣色域(P3)、原彩顯示技術。」請問看完這些敘述，你會買下這臺要價5萬元的電腦嗎？雖然這些配備看起來好像很厲害，但我並不知道這些數據代表什麼意思，於是當時的我並沒有買下它。

2個禮拜過去，因為剪片的需求，我仍舊在找適合的電腦；偶然間我看到一個YouTube影片，開頭第一句話就抓住了我：「這臺電腦輸出影片超級快，是1：1的輸出效率，意思就是10分鐘的影片，10分鐘就輸出完畢了！」如果你有在剪影片，你就會知道「輸出影片」這件事有多

讓人煩躁。前面可能花了3、4個小時剪接、加特效、加字卡,好不容易剪輯完成一支10分鐘的影片,居然還要再花30分鐘等待影片輸出 —— 這段時間什麼都不能做,只能默默的等著右上角的圈圈跑完 —— 因此當這支YouTube影片告訴我,這臺電腦輸出影片的效率是1:1,基本上我就準備下單了。然而當我到下方的資訊欄去點開這臺電腦的購買連結時才赫然發現,這不就是我先前看到的那臺「Apple M1晶片、16核心神經網路引擎」的超級電腦嗎?為什麼同樣一臺電腦,不同的介紹方式,居然讓我產生了這麼大的行為差異?因為前者的產品介紹只是「推銷」,後者的滿足需求才能達到有效的「行銷」。

　　1983年,蘋果公司推出全球第一臺搭載圖形用戶介面的個人電腦「麗莎」。這是一個劃時代的產品,蘋果公司在紐約時報上用了9頁的篇幅介紹這臺「麗莎」的性能,結果只賣出幾千臺,這個產品以失敗告終。你有沒有覺得這個故事很熟悉呢?跟前面16核心神經網路引擎電腦的推銷模式一模一樣。

無效廣告與高級業配

　　你知道嗎？許多同學的學習歷程檔案，常常寫的就是那種「好像很厲害，但我不知道那是什麼的硬體介紹」。我們透過學習歷程檔案知道同學高中時期參加了很多的活動、得過很多獎，但在10多頁的內容中只告訴教授你這個人的「產品介紹」，那這些介紹便容易因為跟與讀者無關，就變成了「廣告」。

　　你知道人有多麼痛恨廣告嗎？追劇追到一半正進入精彩環節給我來個廣告、YouTube影片看到一半給我來個廣告、滑臉書或IG時不到三五則貼文又給我來個廣告……這麼多的廣告你覺得有效嗎？根據2018年數據公司IPOS統計，YouTube上的廣告影片只有20%會被完整看完、Facebook的廣告有78%沒有被停留超過3秒鐘。想想看你遇到廣告後會做什麼動作？略過、略過、略過！如果不能略過，就是轉身去上廁所，不然就是帶著一股煩躁的情緒，默默等待廣告結束。因此當學生在學習歷程檔案不斷地告訴教授：你做過什麼事情、你是怎麼樣優秀的人 —— 這就是廣告。

1. 學習歷程檔案要成為高級的業配，不要變成討人厭的廣告。

試想如果有一個人沒來由的跑到你面前跟你說：「我開特斯拉、在市中心有一棟房子、我熱愛慢跑爬山、我精通4國語言、我每個月會捐錢給弱勢團體、我學了4年的鋼琴……」然後說：「請你跟我在一起。」請問你會同意嗎？（如果你是因為房子跟車子而同意交往，我會微笑祝福你。）一般來說應該會覺得莫名其妙，在互相不認識的情況下，你過去發生的這些事其實都與我無關，更別說要交往了。

　　兩個不相關的人事物要產生共鳴，就需要有「連接點」。在學習歷程檔案的撰寫上，大多數人第一個想到的連接點，就是寫「教授喜歡看的」，但其實從這個角度切入很困難。你猜得到教授喜歡看什麼嗎？有的希望你劃重點、有的希望你乾乾淨淨、格式正確就好；有的要你圖文並茂、有的卻要你簡潔扼要就好。為什麼會這樣？如果用經營頻道的角度來比喻，那就是因為教授這種「受眾」的族群太雜（有18個學群，2000多個科系）我們很難找到他們的共通點。當我們無法猜到教授喜歡看什麼的時候，就只能夠用刻版印象去瞎猜：覺得理工科就是要看圖表數據、教

育心理類就是要有服務經驗……。但是真的嗎？在筆者寫碩士論文時，曾訪問過臺大機械系的教授，當時這位教授就表示他不太喜歡看圖表，反而希望學生能夠好好論述觀察到的現象。

　　當我們無法準確的判斷教授想要看什麼，就只能選擇「不犯錯就好」。什麼叫做「不犯錯」？最直接聯想到的就是參考學長姐的範例，因為他們都被錄取了。但是被錄取就表示這份學習歷程檔案是值得參考的範本嗎？有一個理論叫做「倖存者偏誤」，意思就是當人們過度關注倖存的事物，就容易忽略掉沒倖存的，因而得出一個錯誤的結論。10年來我至少看過上千份的書審資料，我觀察到一個現象：那就是有錄取的學生跟沒錄取的學生之間在程度上其實沒有太多差異 ——— 大部分同學的檔案都是「廣告」，每個人都在有限的資料內，塞入一大堆的活動經歷 ——— 要不是教授人都很好、很努力找到這些廣告檔案與校系的關聯，不然有九成五的資料都是很容易被略過的廣告。

　　「業配」也是一種廣告，但你有沒有發現有一些業配影片，你不僅不排斥，甚至還很喜歡。有一個講解歷史的YouTuber叫作Cheap，我就曾經被他的一支業配影片圈粉。我因為喜歡聽歷史故事，就會到處看看哪些頻道在講解一些有趣的歷史；有一天下午我偶然看到一個動畫頻道在講蒙古人作戰時的故事，影片講述因為打仗

先滿足觀眾的期待，

1. 學習歷程檔案要成為高級的業配，不要變成討人厭的廣告。

時間很長，糧食儲存就是一個重要的問題，而蒙古人的騎兵很強，常常日行千里，但因為機動性太強，不太容易帶很多糧食作戰，於是他們就把肉烘乾，以利長時間存放與攜帶，這就是我們後來的肉乾，接著「快車肉乾」的業配廣告就出現了。當時我看到快車肉乾，真的是佩服得五體投地，心想這業配也太有水準了吧！它先滿足了我喜歡看歷史的慾望，接著連結到業配廣告。我看完這支影片後馬上訂閱了這個頻道，並想著要趕快去看看他其他的「業配影片」。

在YouTube頻道經營上，做出觀眾想看的影片、滿足他們的期待，業配的內容才容易被觀眾接受，甚至吸引觀眾對業配產品產生興趣。同樣的，當我們的學習歷程檔案可以滿足教授的期待，提供他想看的內容，這時候再來行銷自己，那就不會是「討人厭的廣告」，而是「高級的業配」。但如果我們不知道教授喜歡什麼樣的學習歷程檔案怎麼辦？下一篇將告訴你，請繼續看下去。

才能創造成功業配。

02 注意力經濟與學習歷程檔案

　　你聽過「注意力經濟」嗎？注意力是全世界最賺錢的東西，能夠獲得注意力的公司，就是最賺錢的公司。

什麼是注意力經濟？

　　稀缺，就等於價值 —— 愈稀缺的東西就愈有價值。而「注意力」就是當今全世界最稀缺的資源，全球最大的幾間公司都在爭奪這種資源，例如：Google、YouTube、Facebook、Apple、特斯拉等。舉個例子來說，YouTube在2022年的市值超過7000億美金，為什麼一個讓我們免費觀看影片的影音平臺會這麼賺錢？Netflix、Disney+可都是要付費訂閱的，但為什麼他們的市值卻都無法超過讓用戶免費使用的YouTube？請你回想一下自己一天當中花了多少時間在YouTube上？我想不管辦哪一間電信、用哪一款手機，YouTube應該是大多數人花最多時間使用的APP吧？而當人們花最多時間在YouTube上，廣告商就會投入最多的經費在製作YouTube廣告上，目的就是將用戶在YouTube上的注意力分一些到企業的產品上，進而吸引消費者產生購買行為。

　　現在要獲得注意力已經比上一個世代還要困難太多了，因為資訊太多、太快，人們的注意力很容易就被分散掉。以前電視只有老三臺、後來有第四臺，但現在人人都有手機，隨便上網搜尋一下，就可以找到你想要的資訊；但也因為資訊太多，看完很快就忘記了，例如你

今天偶然看到一段很好笑的影片，看完覺得身心舒暢，於是接著往下滑，繼續觀看平臺推播給你的其他有趣影片，就這樣，半個小時過去了，你看了十幾支這種好笑的小短片。請問這時候你還記得每一支影片的內容嗎？不太容易吧！頂多就對一、兩支影片比較有印象而已。但你記住的這一、兩支影片是拍攝成本最高的嗎？是最用心拍攝的影片嗎？可能都不是，它或許只是影片創作者隨手拍下來的紀錄，連影片裡面的人是誰，你可能都不知道。

而為什麼一個拍攝成本不高、演員只是素人的影片，卻可能比那些精心拍攝的商業大作還讓你印象深刻？因為你們「頻率一樣」。現在因為資訊太快又太多，廣告商使用的已經不再是所謂的大海撈針、量多必中的策略了，他們的目標改以所謂的「精準用戶」為主。比如Apple手機的單價較高，因此使用者定位就是願意購買較高單價手機的消費者，無論是收入較高的人或是希望自己看起來是能夠負擔高消費的人，都是企業鎖定的銷售目標。而比較務實或不願意花費較多金錢購買手機的人，可能就不是Apple的精準用戶，那公司在投廣告時就不會將資源分配在這群用戶上，也可能不會為他們開發較平價或較低階的手機，因為這就是他們的品牌定位，也就是企業為自己所設置的標籤。

注意力經濟與學習歷程檔案

　　那注意力經濟跟學習歷程檔案一個是商業、一個是教育，兩者有什麼關係呢？其實，看似不相關的兩個層面，是可以有高度關聯的；甚至可以說，在整個高中的學習過程中，學習歷程檔案與注意力經濟是最相關的項目。認真讀書、數學考15級分、參加社團活動……，這些都是個人的學習行為，但是將這些經歷，轉化成學習歷程檔案，使其成為你升學道路加速器的重點，就是「注意力」，因為教授需要在極短的時間內看大量的學習歷程檔案，誰的檔案能夠讓教授的注意力多停留一秒鐘，那教授就有機會對這位學生多一點印象。那麼問題來了，要怎麼提高教授對我們學習歷程檔案的注意力呢？是豐富的經驗？是冠軍頭銜？我認為都不是。要提高教授對檔案注意力的真正關鍵是：確認「哪位教授是我的精準用戶？」你應該沒聽過這種思維吧！讓我來告訴你為什麼。

　　我們每個人都在「豐富」自己的學習歷程，希望可以透過更多的經歷來告訴教授：「我有多優秀」、「有多適合就讀這個科系」。但為何累積了這麼多豐功偉業，卻好像還是不確定教授會不會喜歡？原因就是「東西太多了」——回歸「注意力經濟」的概念，每個人都提供這麼多東西給教授，而且審查時間這麼短，教授的注意力自然容易分散——那應該怎麼樣可以提高教授的注意力呢？關鍵就是「將檔案聚焦」。你必須將學習歷程檔案的重點集中在某個焦點之中，比如某個跟科系相關的特定活動，或是特定的特質，讓教授在短短5分鐘之內「只吸收一個資訊」。當這個資訊在短時間內大量的在教授的眼前曝光，這個印象就容易停留在教授的腦海中，而這個就是本書會不斷提到的「個人標籤」。

但是現在重點來了，我要讓教授接收到的是哪一個資訊？會不會我設定的個人標籤，教授並不喜歡呢？我要很誠實地告訴你，當然有可能。這就像是我們每天看的廣告、影片，很多人只要不喜歡就會直接略過（基本上我們只會挑自己喜歡的來看而已），因此許多的專家都會告訴你，要去了解教授喜歡什麼、科系要什麼，就像是市場調查一樣，先去了解客戶需要什麼，再藉此提供他們需要的產品，而這種事前調查，是取得注意力最基本的要求，如果你沒有先去了解科系要什麼，基本上你一定抓不到教授想要看的內容。但是一個科系的教授會喜歡看什麼樣的內容，這個資訊很難取得嗎？其實一點也不難 ——— 醫學系要服務、電機要實作、法律要邏輯 ——— 這些資料網路上隨便一查都有，但正因為這些事情是大家都知道的，大家都在檔案中提供相同的內容，那就又無法取得教授的注意力了。這就是為什麼你聽了這麼多專家、補習班，甚至教授的說法，你還是無法對自己在學習歷程檔案的呈現上很有信心。

必須提供「別人沒有的」，才能建立個人標籤

　　對科系的了解，是最基本、一定要做的事，但這樣並不足以讓你的檔案被教授記住。要讓教授記住，就需要設置自己的個人標籤；而最好的個人標籤，就是「真實表現關於你的一件小事」。比如申請社會福利學系，許多學習歷程檔案都寫到參與服務隊的經驗，因此如果以「服務隊」作為我們的個人標籤，便會被淹沒在眾多同樣的標籤之中，因此我們要去思考：「自己的服務隊經驗跟其他人的有什麼不一樣？」比如當大家的焦點都放在「服務對象」時，你關注的點是機構的設備問題，那你的標籤就變成了「養老院的設備不足」。例如我們可以這樣寫：

「我在養老院服務長輩時，發現他們的康樂中心只有一張桌球桌、一臺走路機，而會使用康樂中心的只有固定的人，其他人都窩在廣場看電視。我覺得如果希望長輩們可以多使用康樂中心，就需要增加相關的設備，所以我透過網路搜尋找到了一種拼接式的健康步道，只要鋪在康樂中心的角落，就可以讓長輩們去走，活動既不會激烈，操作起來又簡單。後來我把這個建議告訴裡面的護理人員，他們也真的採用了，康樂中心從原本的3個固定班底，現在都至少會有10位長輩輪流去走走健康步道。」

　　這樣的寫法把「健康步道」當作自己的「個人標籤」，對比其他同學的學習歷程檔案中都寫跟長輩玩遊戲或跟長輩相處的細節等內容，這樣的經歷馬上就能與其他人做出區隔，這種「所有檔案中只有我寫健康步道」的獨特性就能夠吸引教授的注意力，而這種獨特標籤包含3種元素：

多取得一秒注意力，
就多一分印象記憶。

1 **相關性**：養老院是一種社福機構，康樂中心是社福機構中的設施。

2 **特殊性**：說明對於「如何解決康樂中心很少人使用的問題」的思考與行動，跳脫「參與服務隊只跟『服務人』有關」的印象，而是具體描繪對於使用空間的特定觀察。

3 **深入性**：把觀察到的現象寫出來，並思考原因與提出解決辦法（拼接式健康步道），最後把前後差異量化出來（使用人數從3人增加到至少10人）。

　　學習歷程檔案與YouTube頻道經營一樣，最需要奪取的也是注意力，如果教授在審查學習歷程檔案時，可以多停留一秒鐘的注意力在你的檔案上，你就更有機會在教授心中留下印象；而最好奪取注意力的方式，就是運用你的「個人標籤」，如果你能建立起有效的個人標籤，那想透過學習歷程檔案讓自己在升學的道路上彎道超車，就變得非常有機會。

如何用學習歷程吸引教授的注意力｜
注意力經濟應用在學習歷程檔案｜ 47 雲端輔導室
https://www.youtube.com/watch?v=eKLcSbFI380

03 如何寫出偉大的學習歷程檔案

面對學習歷程檔案，你是不是覺得光是要想怎麼寫就很困難了，何況是要怎麼「寫好」？這或許是因為你可能連什麼是「好的學習歷程檔案」都不太知道。我們最常聽到答案可能是「教授喜歡的」，但我要跟你說：一份只是「好」的學習歷程還不夠，我們要寫出「偉大」的學習歷程檔案。

TOMS 鞋子的故事

筆者跟太太結婚時，指定要穿TOMS的鞋子，原因是這樣的：當時我們正在籌辦婚禮，服裝就是婚禮中很需要傷腦筋的部分。當時我們西裝禮服都挑好了，就剩下新鞋子的選購；因為我平時不太穿皮鞋，

而我太太愛穿拖鞋，所以我們都希望找到一雙好穿的「婚禮鞋款」。我們當時為此跑了好幾家百貨公司，每次進去試穿前，專櫃人員都會很親切的詢問我們的需求，並且幫我們挑選適合的鞋子；每次的體驗都很好，但我們總是心想：「再去看看下一家，說不定會有更好的。」

然而這個想法卻在TOMS鞋店中發生了巨大的變化。當我們走進TOMS的店中，告訴店員我們要買婚禮的鞋子，店員居然沒有問我們的需求，也沒有介紹他們的最新鞋款，而是問我們一個問題：「你知道我們公司有一個宗旨嗎？當你買一雙TOMS的鞋子，我們就會捐一雙鞋給有需要的孩童，保護他們的雙足。」我就問他：「為什麼？」店員說，因為他們的品牌創辦人布雷克・麥考斯基（Blake Mycoskie）到阿根廷旅行時，看到許多孩童因為沒鞋子可以穿，雙腳經常受傷發炎，讓他產生為孩童募鞋的想法，因而開始了「One for One」（每賣出一雙鞋子，就送一雙給孩子）的計畫；在我們選購鞋子的當時（2014年）已經送出3500萬雙鞋了。當我們聽到這個故事，我跟太太眼神示意一下，連試穿都沒試穿就決定選擇TOMS的鞋子，還一口氣買了4雙。

黃金圈理論

你注意到了嗎？本來我們在乎的是好穿、好看的婚禮鞋款，但最後我們卻被「One for One」的理念吸引，因為我們希望我們的婚姻是祝福別人的婚姻，如果我們腳上所穿的鞋子可以幫助有需要的孩童，那就是最好的婚禮祝福。

2009年賽門·西奈克（Simon Sinek）在TED演說中介紹了「黃金圈理論」：要鼓舞人心、要組織成功、要產品大賣，「Why、How、What」的黃金圈法則是我們必須要去學習的。

黃金圈理論

「WHY」為什麼
「HOW」如何做
「WHAT」做什麼

我們大部分的人都會著重去描述「What」跟「How」，因為這兩者最顯而易見。例如當我在找婚禮鞋款時，店員會告訴我這款鞋子質地多麼柔軟、不咬腳，久站不累、透氣舒適等等。我的反應是什麼？——雖然穿完感覺良好，但我還想再看看有沒有其他家更好的或更便宜的。因為這些功能是可以被看見與量化的，如果我可以找到更好、更便宜的鞋子，或甚至可以幫我客製化鞋款、送到我家，壞掉還可以到府維修……等等，那當然哪家提供更好的服務或更高品質的商品，我就去哪一家了。

但是「Why」就不一樣了，這是一個無法被量化的項目，只能尋求感性的認同。當人們認同這個「Why」的理念或動機時，就會願意支持（如果就產品而言，購買行動就是最直接的支持，我太太常常說她腦波很弱，別人一講就買，我想是因為她比較感性吧！）。「Why」還有一個特色，就是它不容易被取代。「One for One」的品牌故事就是專屬於TOMS的「Why」。當人們認同這個理念，那就不會跑票，就像是我們當下就決定要穿TOMS的鞋子步入紅毯，好不好穿、品質、服務如何對我來說已經不重要了（雖然他們的品質真的不錯！）

「無可取代」的學習歷程檔案

看完了TOMS的品牌故事和黃金圈理論，你覺得這些跟學習歷程有什麼關係呢？你希望審查委員看著自己的學習歷程檔案時，只是在挑誰比較好嗎？——別人金牌我沒牌、別人中高級我初級——如果我們的學習歷程檔案都在講What（做了什麼活動、學習到什麼、獲得什麼成長）、講How（你怎麼做這些事、用什麼方法、如何規劃），那我們就像是那些被挑選的鞋子——只要有CP值更高的，馬上就會被取代掉——要成為名牌鞋、要讓審查委員看完學習歷程檔案就指定要你，就必須要講「Why」，讓你的學習歷程檔案「無可取代」！

「你為什麼要去參加這個比賽？」

「你為什麼要去考這個檢定？」

「你為什麼要參加這個社團、服務學習？」

把Why寫出來，就會為你的學習歷程賦予意義。讓我們看看以下這個範例：

「我參加小論文投稿競賽只拿到佳作，但參加比賽與得獎這件事不是我的重點，我之所以會做這個小論文是因為我對新住民在臺灣生活適應的議題很有感觸。我們家就是來自越南的新住民，小時候我就被同學嘲笑我是『死外勞』，我無法理解同學為何要這樣針對我。或許我家並非經濟弱勢，但我感覺到我是『適應弱勢』，為了解答我心中的疑惑，才是我參與這次小論文的投稿的目的。或許我的研究方法還不成熟，但我投入的心力是全部組員中最多的。我一個人就搜集了90%以上的問卷，並連續花了30小時分析完這些問卷、做出5頁的分析圖表……」

如果我們將這次小論文競賽的重點都放在後面的研究方法與得獎事蹟，那就是把自己當作便宜鞋子一樣，任由審查委員們挑選最優秀的學生。但當我們說出「Why」要做這份小論文，我們的學習歷程就會變得「無可取代」。

偉大的學習歷程檔案

無可取代還不夠，你還必須偉大。這個世界上有太多東西無可取代，但這些東西我們也不一定會買來用。你知道嗎？YouTube上一天上傳的影片數量，我們需要80年才可以看得完。這麼巨量的影片資料庫，為什麼只有少數會被記住？或是手機品牌這麼多，為什麼我們只記得iPhone？ —— 因為這些都是偉大的作品。

我們的學習歷程沒有行銷預算、審查的教授只會花5分鐘時間看，在這些限制下，要讓自己的檔案邁向偉大，我建議可以從「利他」的角度出發。芯潔（化名）是筆者在線上輔導學習歷程的學生，她對「無人機」很有興趣，但也只是因為家人工作的關係，對無人機有比較多的接觸而已。於是我就問她：「你希望自己發明的無人機有什麼功能？」芯潔表示希望可以幫忙節省人力運輸成本。我就很納悶地問她：「這件事現在很多人都在做，妳的無人機會比他們更好嗎？」芯潔完全無法回答。於是我

請芯潔思考，她的無人機有沒有特別想應用在哪個地方？發揮什麼效果？芯潔思索許久後得到2個字——「救災」。原來芯潔發現到許多消防員、山區搜救等救災人員都是冒著生命危險在執行任務，如果她研發出能夠更廣泛應用在救災的無人機，那就可以為辛苦的救災人員降低風險。而後來芯潔的學習歷程，也圍繞在「無人機救災」的這個個人標籤上。

但這邊也要提醒同學，不要為了利他而利他，如果不是真心的，很容易被看出破綻。但如果你真的是為了他人利益著想、以促進社會進步為發想起點，你就有可能成為下一個具有影響力的潛力品牌、成為下一雙TOMS鞋款，那你的檔案就非常容易成為審查委員心中的唯一指名。

用「為什麼」讓你無可取代，
「真心利他」讓你偉大起來。

學習歷程檔案不要多元，要「精準」。

教授審查資料的工作量

YouTube成為全球第二大搜尋引擎，人們只要有問題，就會上YouTube去尋找解答。因此如果我們把YouTube比喻成學習歷程檔案評分系統，而審查委員需要解決的問題只有一個：「誰是適合就讀我們校系的學生？」為了回答這個問題，同學們提供了各式各樣的學習歷程———比賽得獎證明、檢定成績、上課認真做筆記……———每個人都提供非常豐富且多元的答案，希望可以呈現自己的專業能力、語言能力、熱心關懷、邏輯分析等等。

每個人都這麼優秀，審查委員要相信誰的答案？其實每位同學的檔案都值得被相信。但提供這麼多資料教授記得住嗎？我得很實際地告訴你，這種呈現方式會讓人一個都記不住！在申請入學的制度中，每位同學最多可以提供給一個校系15份檔案———包括3件課程學習成果、10件多元表現、1件多元表現綜整心得；另外還有高中學習歷程反思、就讀動機、未來學習計畫與生涯規劃，這3項要合併成1件———如果一個校系預計要收30位學生，那大約要看90位學生的學習歷程檔案；一人就算只提供10件，那審查委員們也要在短短一到兩週內看完900份以上的資料……可以體會那是多麼可怕的工作量了吧！如果我們在這10多份檔案中，呈現過多沒有篩選過的優點，那就會非常容易被遺忘。

減少資訊量的單位

　　人類的短期記憶最多只可以記住「5到9個單位」的資訊量，例如車牌號碼BHU-3691，這7個毫不相關的數字就是7個單位，接近普通人可以瞬間記住的單位極限。但如果今天車牌號碼是BBB-3388，那應該會記得更牢固，因為我們可以把它分為BBB、33跟88，這樣只有3個單位，對於短期記憶來說更為友善。那我們要怎麼在短短的5分鐘內，讓高達10多件的檔案，進入到審查委員的短期記憶區呢？關鍵就是「減少資訊量的單位」！

　　一般學生會提供的檔案類型很多，專業性報告、活動性企劃、各類的比賽檢定……等，如果每個項目都毫無關聯，這樣的資訊量就很容易太過龐大；但如果這些不同類型的檔案，可以聚焦在特定的點上，那對審查委員來說，就是只有「一個單位」的資訊量。

　　舉例來說，我們今天提供一篇小論文、一份社團成果發表、一份公民課的課程學習成果、一次服務學習的經驗。每份報告都很詳細的介紹自己在當中所學的內容：小論文是對新住民的經濟弱勢探討、社團成果發表是義賣餅乾的過程、公民課的成果是對公民權利的學習、服務學習是到偏鄉國小去教英文……這些

資料多元豐富卻彼此不相關，那審查委員看完後頂多很肯定你，然後就忘記你，這份學習歷程檔案在一瞬間就變得毫無價值。

但如果我們把資訊量的單位下降到只有「新住民」一個，那就會帶來完全不一樣的價值效果。例如：

- 我們在公民課中學到每個臺灣國民都有基本的公民權利，包括新住民
- 去偏鄉國小教英文的對象也是新住民的小孩
- 為了幫這群新住民的小孩募集教育資源，所以開始了餅乾義賣

最後觀察了這群新住民學童與家庭的狀況，寫了一篇關於新住民經濟弱勢探討的小論文。

如此一來，我們的資訊單位量，就從多元的4份檔案，聚焦在一個「新住民」的精準單位，而這也成為了我們的個人標籤，讓我們這個人可以被快速地被審查委員索引出來。

無意義的多元會讓人遺忘，
精準的內容才能創造價值。

05
平凡是大忌、主流是問題。用個人標籤突圍！

學習歷程檔案最怕跟別人一樣，但你最怕跟別人不一樣！

這句話是筆者這10年來總結出學生撰寫學習檔案的心得。人會害怕的原因，大多是不想失去某種事物，比如說害怕轉換新環境，是因為不想失去原本穩定的薪水或好朋友；害怕到學校去，是因為不想面對因為被霸凌而失去的尊嚴；而在撰寫學習歷程檔案時也怕東怕西——害怕寫得過度膨脹，教授會不喜歡、怕寫得太過隱晦教授沒發現、怕寫得中規中矩沒有特色、怕寫太多教授不想看、怕寫得太直接，教授覺得不禮貌——擔心因此失去錄取大學的機會。

「學習歷程檔案最怕跟別人一樣！」這個觀點不是我說的，每一年到了要審查高中生學習檔案的季節，大學教授除了上課，還得做研究，在原本工作都不變的情況下，審查資料變成額外增加的工作，而這大概是大學教授最不喜歡的工作之一；雖然時間有限、學習歷程檔案的資料量很大等，對大學教授而言都是審查工作的困難點，但真正會讓教授感到反感的，其實是不斷看到同一個模板複製出來的內容。許多考生的高中學習

歷程反思開頭總是會有「生在小康家庭」（明明家裡都開賓士）、「民主式教育」（其實填志願從來沒得商量），然後將父母兄姐的職業、學校都講一輪，接著說出家人對你的影響，最後再來個人生座右銘；而讀書計畫則是永遠的近程、中程、遠程──近程一定要讀英文，中程就是認真修完必修學分，遠程離不開研究所──筆者身為一名高中老師，看著學生申請不同種類的校系，卻依然有一種大家的內容好像都「一模一樣」的感覺，更何況是看申請同一個科系資料的大學教授？難怪常常看到大學教授在社群貼文或報導中怒吼：「學習歷程檔案不要再抄了！」

「個人標籤」才是海量資料庫的突圍關鍵

　　為何你害怕跟別人不一樣？因為你擔心「教授不喜歡」。擔心如果自己的立場太鮮明，教授跟自己立場不同怎麼辦？於是就盡量符合中庸之道，避免兩邊得罪。筆者曾經輔導過一位申請法政相關科系的學生，高中時他很積極參與社會運動，於是我便請他把這些示威遊行的經歷寫出來，但他卻不敢，因為擔心教授是另一個黨派的；一位勇於向權威挑戰的男孩，居然甘願屈服於升學體制的淫威之下？其實不僅是學生害怕，甚至許多高中老師也都很害怕，他們擔心學生的檔案內容「不合宜」，都會強烈建議學生「不要冒險」。我第一年經營雲端輔導室時，就有孩子留言問我怎麼寫讀書計畫？我就建議他反過來寫，從遠程寫回近程。結果隔沒兩天他又留言給我，因為他把我的建議拿去問學校老師，結果卻得到「這種寫法太新，不建議！」的回饋；這位老師的擔心其實沒有錯，畢竟，誰能保證哪一種寫法是教授愛看的呢？沒錯，任何呈現方式都會有喜歡與不喜歡的人，難道我們要去迎合每一個人嗎？

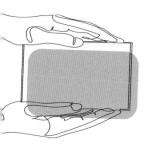

　　我個人其實不太喜歡「館長」的頻道，因為他半句不離髒字；但是他的頻道有數十萬人訂閱，為什麼？因為他立場明確，敢做自己！這樣的訂閱數算是一個大頻道，但臺灣總共有2300萬人口，館長頻道的訂閱人數也只占了約3%而已 ── 我們可以理解成臺灣還有9成以上的人不一定認同館長嗎？其實這不重要，館長根本不需要在意這9成沒訂閱的人，因為已經有這麼多人認同他了 ── 學習歷程檔案有個人特色，就真的有人會喜歡嗎？這我不敢保證；但我可以保證，如果你沒有個人特色，就很容易被忽略。教授在這麼短的時間內看這麼大量的書審資料，如果你的檔案跟別人差異不大，就一定無法被記住；而那些反其道而行的寫法，說不定還可以多吸引教授看兩眼。舉個例子：

1 這個比賽讓我學習到團隊合作的重要。

2 這個比賽讓我知道，我一個人做事會比跟一群人做事還要有效率。

　　第二種應該讓你覺得很傲慢臭屁吧！那第一種呢？看完之後可能沒有任何感覺，甚至看到第二句話時可能就已經忘記第一句話的存在了。在海量的資料庫中，平凡是大忌、主流是問題；有時寧願留下不是那麼正面的印象，也好過看完就忘。

2 個警告的故事

　　曾經有一個學生想要申請一間頂尖大學，學校要求考生在書審資料中附上「獎懲紀錄」，這是很少見的要求。當看到這個項目時，這名學生就急忙地跑來問我該怎麼辦？因為他有2支警告的紀錄，他希望可以把這個紀錄藏起來，別被教授發現。我便問他為何當初不去銷過？（一般學校會設有銷過辦法，盡量讓學生的獎懲紀錄不會有負面紀錄。）他就跟我說因為他不懂事。我很好奇是怎麼個不懂事法？他說：「因為我故意不想去銷過。」我更好奇了，便請他多說一點當時發生了什麼事？他說：「因為當時有一位老師對我朋友講話不客氣，我看不過去就去跟老師理論，結果因為口氣太差，被以辱罵師長記了2支警告，但我很不甘心，我認為我沒錯，如果我去銷過，就好像承認我錯了，所以我當時不想去銷過。」

　　聽到這裡，我就跟這位學生說：「所以這2支警告不代表你是壞學生，而是你為了保護同學的證明！其他申請者的獎懲紀錄都是記功嘉獎，你認為有多少人會出現警告？」他搖搖頭，表示也認為應該沒有人。接著我告訴他：「所以你會因為這2支警告被教授看見，那你就好好地說說這2支警告的故事，讓教授知道，你是一個充滿正義感的人。」如果這樣的學生要申請法政學群，你不覺得非常有記憶點嗎？學習歷程檔案的分數從來就不足以影響大學端決定是否要錄取這名考生，它的目的是讓面試考官能夠「在面試中索引出你這個人」。當每個人的書審資料都是完美無缺的，你的不完美，反而可以吸引到讀者的目光。

没有最好的學習歷程，只有獨特的學習歷程！

06 如何在學習歷程中呈現成長軌跡？

成長才有溫度、完美只能選擇。

　　許多教育部針對學習歷程檔案製作的演講中都會提到：「期待可以呈現學生的成長軌跡。」聽到這種期待，我其實很難去理解應該如何在學習歷程檔案中，表現出學生的成長軌跡，為什麼呢？從字面意義上來看，成長軌跡應該是從低到高的一種進步過程，但因為學生針對每一所校系僅能提供3件課程學習成果、10件多元表現；基於人性，每個人都會盡可能提供自己表現最好的檔案，那就不太容易表現出這種「進步曲線」；再加上，要能看得出「進步」，通常需要以同一件事做基準，例如：之前小論文得佳作，後來得優等，以這種前後的差異來作為進步的佐證，但我們勾選的檔案中，幾乎10件多元表現都不會重複，因為學生都希望可以盡可能展現自己的多種面向，如果重複勾選同一種主題的檔案，會有一種「浪費」的感覺；而只有3件的課程學習成果，也就更不容易表現「成長軌跡」了。既然難度如此高，為何還是如此期待我們表現出成長軌跡呢？

完成比完美更重要

　　任何一位教YouTube頻道經營的老師都會告訴你，要讓頻道成功只有一個要訣，那就是：「馬上開始上傳影片，並且持續不間斷地上傳。」然而大多數剛開始經營YouTube的人，最容易卡關在2個點：

1 完美主義作祟。

2 無法持續不斷的更新。

　　許多人都會糾結於自己影片的品質 —— 包括畫質、燈光、聲音、背景擺設、皮膚狀態、影片特效等等 —— 認為是要上傳給別人看的，那就不能讓人挑出毛病，盡量在各方面都要達到最完美的狀態。而為了要拍出一支完美的影片，前後準備可能又要花上1、2個小時，說不定還得花大錢去買一臺好的相機、收音品質好的麥克風、燈光組等等，接著再耗費7、8個小時後製剪接，最後，一支「精美」的影片上傳，卻發現沒什麼人觀看，說不定自己還要把影片設成循環播放，整晚不停播放來增加觀看次數（我就幹過這種事！）；成本這麼高，回饋卻這麼低，真的很難讓人堅持持續更新影片。偏偏YouTube要成功，就只能靠堅持不斷的更新 —— 至少要20支影片以上，演算法才會知道你頻道的主軸，進而推薦給需要的觀眾 —— 如此才會有流量、才會有訂閱。

我基本上是一個禮拜更新一支影片，從2021年9月開始連續更新超過120週，到目前為止，也累積超過150支影片了。為了要讓頻道堅持不斷的更新，初期我以簡化影片製作流程為主要目標；現在一支影片從寫腳本、拍攝到後製完成，平均大概要花6個小時製作，但我的第一支影片卻醞釀了2個禮拜才完成，為什麼這麼久？因為這2個禮拜我都在研究如何用最低成本拍攝影片 —— 包括用最少時間上字幕、最簡單的後製、轉檔 —— 等到所有的SOP流程都定位，我就每週按照這樣的流程，以最快的速度製作影片、上傳。而我幾乎不在當下檢查影片品質，都是上傳後才去看自己的「劣質品」，並將缺點保留到下一支影片再進行優化。我現在都不太敢看自己早期的影片，覺得又慢又無聊。為什麼我會有這種感覺呢？因為我進步了！

如何在有限的學習歷程檔案中，呈現自己的進步軌跡？

素人之所以可以成為網紅，很大的關鍵因素是「成長」與「陪伴」。透過螢幕看到有一位創作者，他的影片愈拍愈好，觀眾就會有參與成長的陪伴感，隨著創作者不斷更新影片，支持者就會愈來愈多。但學習歷程檔案只能給一個校系15件檔案（3件課程學習成果、10件多元表現、1件多元表現綜整心得，高中學習歷程反思、就讀動機、未來學習計畫與生涯規劃這3項合併成1件，共15件），要怎麼表現出成長軌跡呢？我的建議是：設置同一個基準點。

這就得提到「重製檔案」的觀念。一開始我建議高三生可以把以前的舊檔案拿出來重新整理，再上傳到高三的額度中，結果引來一些批評聲浪，認為這樣是作假，教育部甚至公開表示「學習檔案不需要重做」，但這不可能啊！我們不可能讓學生拿自己的未來開玩笑，一定要提供最優質的檔案；因此我要強調，重製的重點並不是將過去的學習檔案拿出來重寫一次而已，

而是在品質上要有所提升，並以此來呈現出自己的「成長軌跡」。以下我會提供兩種建立在「同一個基準點」來重製檔案的方法：

1 合併相同活動

　　將相同屬性的活動合併在同一份檔案。這個其實很好理解，比如說同學參加了3年的管樂社，就把這3年來在社團的成長軌跡寫在同一份檔案中。

2 嫁接不同活動

　　這個概念比較特別，我們都被學習歷程上傳系統的框架綁住，認為社團就只能放社團、比賽只能放比賽；那如果今天同學代表籃球社去參加全國大賽，這個經歷應歸類在社團還是比賽呢？「這個活動要放哪裡？」非常多學生都為此感到困擾。其實學習歷程檔案的主要目的，是讓教授了解你這個人是否適合就讀該科系，並不會因為你放錯位置就被「扣分」，而且許多學生活動是無法徹底一刀劃分的，所以我們可以將不同類型的活動嫁接在一起，為此，我們就需要一個好的「嫁接點」——而我認為「成長軌跡」就是很好的嫁接點。

例如同學想描繪自己在「表達能力」上的成長軌跡，那便可以將英文課上臺報告、社團成果發表時與學校商借表演器材、服務學習中與隊友溝通等經驗串在一起，並把當中的成長軌跡點 ——— 表達能力 ——— 當作嫁接點，描述自己是如何獲得成長的。或許你會有一個疑問：「如果我把這3個活動寫在一起，那應該要上傳到哪一個檔案項目呢？」別緊張，我們只要把其中一個活動當作主線劇情就好。例如：

「高二時我負責籌劃一場偏鄉國小的品格服務營隊，因為營隊中需要準備7場小短劇演出，我們3個編劇常常會為了劇情走向有激烈衝突，但為了讓劇本可以順利產出，我想到可以將我高一英文課時報告『金恩博士：我有一個夢。』的演講稿當作劇本主線，並且發揮我在吉他社成果發表時，學習到如何順利跟龜毛的訓育組長借器材的溝通方法，終於說服了另外兩位編劇，順利完成劇本。」

這樣的寫法，不僅可以讓同學放心上傳到「服務學習」這個項目，也可以有效呈現自己「表達能力」的成長軌跡，這種方式還有一個小心機 ———
可以趁機曝光其他的檔案，引起教授去看我們其他檔案的興趣。

勉強切割難以表現成長軌跡，
合併嫁接輕鬆串聯不同事件。

6. 如何在學習歷程中呈現成長軌跡？成長才有溫度、完美只能選擇。

NOTE

07 先提供「專業」，再告訴人家你是誰。

筆者每個禮拜都會上傳一支YouTube影片，如果我的影片這樣開頭：

「你好，我是黃仕親，今年37歲，來自臺北，現在住在嘉義。我的興趣是打籃球、彈吉他，我人生的座右銘是……。」

停，夠了吧！我對作者是誰沒興趣，我點開這支影片是想要知道怎麼寫學習歷程，不是要聽作者的自我介紹。現代人的時間寶貴，大家都希望可以用最快的速度得到所需的訊息，所以這也是為什麼各種懶人包會相繼出現；而這種需求不僅限於知識上的獲取，甚至連娛樂我們都講求快速，例如沒時間去看兩小時的電影，但是又需要跟上大家的話題，這時候10分鐘解說電影的影片就出現了。時間，真的是現代人最寶貴的資產，因此如果你的內容讓人感覺到一絲絲的「浪費時間」，觀眾必定在30秒內就離開了。

續看率的重要

如果有機會到YouTube後臺看看，我們會看到一種數據表現叫做「續看率」，它代表的是觀眾會在一支影片停留多久後跳出。你知道一支10分鐘的影片，如果有50%的觀眾續看率，表示觀眾平均停留了幾秒嗎？答案是30秒。沒錯，就是這麼短！當人們沒辦法在第一時間內覺得自己接受到有價值的資訊，那就會毫不留情地離開影片。換言之，只要可以在30秒內讓觀眾感覺這是一支符合需求、具有價值的影片，那續看率就會提高。因此，影片一開始馬上展現價值、告訴觀眾將會在這支影片中獲得什麼，讓觀眾去判斷這支影片是否符合自己的需求 —— 如果是，就會順利地留下觀眾；如果不是，還可以幫觀眾節省時間，請他們趕快離開，不要浪費時間 —— 看到創作者在片頭提供這種貼心的小提醒，絕對會比看了一段時間還沒找到重點的心情還要好，這讓觀眾擁有良好觀看體驗的同時，也能有效提高續看率。這就像是我們去看了一部電影，開播30分鐘後發現看不懂，但因為電影票錢已經付了，所以還是硬撐到放映結束，於是看完後一肚子火，一出影廳就馬上留下一星負評。對電影製作公司來說，負評很可能影響到這部電影後續的票房，如果口碑不好，便很難吸引更多觀眾進戲院看電影，導致血本無歸。

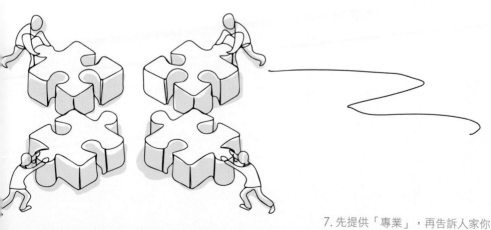

觀眾要訂閱某個頻道、認同某位YouTuber，絕大多數不是從個人開始，而是從他所能提供的專業價值開始。當我們能夠從影片中得到的資訊來解決自己的問題，才會去看下一支影片，藉由不斷地解決問題來產生信任感及認同感，這個時候觀眾才有興趣去認識這名影片創作者是誰、他的過去、他的信念、他的價值觀，甚至想跟隨他。而製作學習歷程檔案也是一樣的，大多數人都非常「自大」的認為，教授會想從認識你這個人開始，才去發現你的價值；但事實上，教授也不希望被浪費時間 ── 如果得先花3分鐘知道你的過去，才能判斷你是否適合就讀這個科系，如果適合的話還好，如果看完發現不是呢？是不是就浪費了教授的時間？ ── 對於教授來說，最好可以在30秒內就判斷這份檔案是否值得投資時間閱讀，因此如何提升學習歷程的續看率，是我們很重要的目標。

提高續看率的方法：開場直接給出專業

　　那要怎麼提升學習歷程檔案的續看率呢？筆者建議每一份學習歷程的開頭都盡可能要直接說明結論，這樣的目的不是為了保證教授一定會看完自己的檔案，而是要在前30秒讓教授決定是否要繼續往下閱讀。以下我們用許多同學寫得很籠統的「大學營隊」作為示範：

7. 先提供「專業」，再告訴人家你是誰。

低續看率版本

　　高一為了確定自己是否適合投入醫療領域，我果斷的報名醫學營隊。參加了5天4夜醫學營隊，讓我對整個醫療系統的運作有更明確的認識，也確定了我想要展開醫療助人的人生目標，未來渴望成為一名專科護理師，希望透過專業，協助外科醫生們更有效率地完成手術。

高續看率版本

　　在為期5天4夜的醫學營隊中，我深入了解了護理人員的分級制度。總的來說，護理人員可以分為4個等級：

➤ N1級護理人員負責一般病人的護理工作，包括病房常規、普通疾病檢查以及簡單技術操作。

➤ N2級護理人員主要專注於重症或困難病人的護理，涵蓋嚴重疾病、複雜疾病以及案例分析。

➤ N3級護理人員負責全面性的護理與教學工作，例如個案報告、對新進人員或護生進行指導，以及團體護理指導。

➤ N4級護理人員則致力於護理行政研究和專科護理，如護理行政業務、協助護理研究調查的設計，以及執行單位護理問題的專案設計。

在上述兩段內容，你覺得誰是有學到東西的？一定是高績看的版本。為什麼？因為他開頭直接把所學到的「專業知識」講出來了。讀者需要透過專業價值開始建立對創作者的信任，就像教授想從我們的學習歷程檔案知道我們「在這個營隊中學習到什麼？」，當這個問題獲得解決，才能讓教授對我們的學習歷程逐步建立起信任感，進而產生認同和興趣，因此你所應呈現出的，絕非廣泛的「官腔」，也不只是「個人感受」，而應該是「專業價值」。

別驕傲地以為人家想認識你，
專業才是你最好的社交工具！

08
有故事會讓人記住你，有信念才會讓人認同你！

兩年只製造 16 盎司的垃圾！

你知道人類一天的垃圾製造量，大概多少公克嗎？2018年《天下雜誌》中提到，根據2016年的統計，平均每人每天製造740克垃圾。但你能想像有人可以在2年時間裡，只製造出16盎司（約453.59公克）的垃圾嗎？

2012年，Lauren Singer在紐約大學攻讀環境研究時，開始關注到自己生活中產生的大量塑膠垃圾。她受到一位名為Bea Johnson的零廢棄生活倡導者的啟發，Lauren決定挑戰自己，努力減少自己的碳足跡。在這個過程中，Lauren Singer開始改變她的消費習慣，例如以可重複使用的購物袋和保鮮盒取代塑膠袋、購買無包裝的食物，甚至自製天然清潔和美容產品。之後她不斷在社交媒體和Podcast上分享這些經歷和心得；而其中一個小小成就，讓她吸引了大量關注，這個成就就是——Lauren Singer成功地將2年來的所製造的全部垃圾，都裝進一個16盎司的罐子裡！不久後，她創立了名為「Trash is for Tossers」的YouTube頻道與個人網站，持續將這些生活方式傳播得更廣泛。「Trash is for Tossers」這個名稱是以一種輕鬆、幽默的方式表達Lauren Singer的零廢棄生活哲學。這個標語可以被解讀為「垃圾是給

扔棄者的」，這意味著只有那些不願意或者不知道如何對垃圾進行適當處理的人才會產生垃圾。換句話說，只要採取主動、積極尋找並實施可以減少垃圾產生的方法，理論上應該可以避免產生這麼多垃圾。

這是一個令人難以置信的故事。當我們嘴裡喊著「垃圾減量」的口號，卻每天追在垃圾車後面，丟著更大包的垃圾時，Lauren Singer則用她的堅持實踐出這個人人都想做、卻永遠辦不到的口號。Lauren Singer透過分享自己的故事和信念，吸引了大量觀眾，她堅信我們每個人都有能力和責任去改變自己的日常行為，來減輕對地球的壓力。她認為，透過減少垃圾和更加有意識地消費，我們可以讓生活變得更加永續，同時仍能享受生活的樂趣。她的理念並不是強調要「完全不產生垃圾」，而是鼓勵每個人都在自己的能力範圍內盡可能地減少浪費，因為即使是微小的變化，也能產生深遠的影響，當每個人都在自己的生活中找出一些可以執行的小改變，這些改變匯集起來，就能夠讓我們身處的世界不一樣。

為何我們會認同一個陌生人？

「環保」這個議題，我們天天都在討論，甚至為了提倡環保，高中生們會去參加淨灘活動、努力做好垃圾分類，但為什麼當我們把這些寫在學習歷程中，卻變成了可有可無的內容？同樣都在提倡垃圾減量，Lauren Singer為什麼可以獲得超過24萬的人認同（頻道訂閱數）？只是因為她2年來只製造出16盎司的垃圾嗎？但如果只是一個罐子的故事，充其量也就是一個令人驚奇的奇觀，並不會產生這樣的影響力，在資訊爆炸的時代，馬上就被其他爆紅的影片取代了。真正可以產生影響力的，是Lauren Singer的「信念」。

我們很容易會把「環保」跟「垃圾減量」掛勾在一起，但要不製造垃圾，似乎意味著不能買太多東西、生活上需要非常節制，例如：肚子餓了想

要叫外送，但是想到外送會產生便當盒、塑膠袋等包裝垃圾，於是為了達到垃圾減量的目的，我們可能會轉而決定自己煮，但是又想到煮飯需要買菜、備料，結束還要收拾，又累又麻煩——這種天人交戰的情況可能每天都在上演——於是環保這件事對我們來說，似乎變成一個艱鉅的任務。

然而Lauren Singer認為，我們可以同時享受生活的樂趣，而且並非完全不產生垃圾，只要在個人生活中做出一點小改變。「把2年產生的垃圾量，裝進只有16盎司的罐子中」這樣的故事，帶來強大的認知衝擊，讓世人對她產生關注，但Lauren的故事並非只停留在16盎司的罐子上，在這之後，她不斷在YouTube頻道上分享自己是如何具體「精心消費」，進而達到同時享受生活，又可以垃圾減量的目的；她選擇把看似不切實際的環保，用實際行動表現出來，讓大家感受到環保除了「喊口號」之外，我們能做的其實還有很多。Lauren Singer所做的不只是「講故事」，而是「傳遞信念」；這就是我們為什麼會認同一個網路上素昧平生的陌生人，因為信念才是造成影響力的關鍵要素。

如何用學習歷程傳遞你的信念？

說一個好故事，似乎變成寫學習歷程的起手式——用一個具有代表性的故事，描述我們如何克服困難、取得成就，讓讀者對我們留下深刻的印象，還能展現我們有創意、樂觀或有毅力等個性特質，讓讀者記住自己——但當大家都費盡心思想讓自己的故事更精彩時，誰的故事才能夠脫穎而出、吸引讀者認同呢？我的答案是——「有信念」的故事，就像Lauren一樣，不斷地傳遞自己的信念。以下提供3個步驟，幫助你寫出讓人認同的信念故事：

8. 有故事會讓人記住你，有信念才會讓人認同你！

1 尋找你的熱情並有實際行動

首先，寫出有信念的故事需要有強烈的熱情和關注點。請先問問自己：「我關心什麼？我對什麼有強烈的情感反應？」答案可能涵蓋多元的議題，例如：環境保護、社會正義、科技創新……等，透過理解和分析這些問題找到自己的信念，有了信念之後，我們還需要有實際的行動，這樣一來才有故事的素材。

2 學習說故事的技巧

我們知道說故事很重要，但故事並不只是舉出一個單純的事實或事件就好，而是要有起伏、衝突、轉折和解決的過程，學習如何建構一個吸引人的劇情結構，包括引人入勝的開始、緊張的衝突和有解釋力的結尾。這種敘事技巧可以透過閱讀優秀的故事書籍、看電影或者參與寫作工作坊等方式來學習，本書後面的章節也會有更詳細的篇幅，教你如何寫出一個好故事。

3 將個人經驗與更大的議題相連接

有效的故事往往將個人的經驗和更大的社會、環境或政治議題連結在一起，可以參考SDGs（聯合國永續發展目標）的17項目標，去思考人們的生活是如何受到這些重大議題的影響，或者我們可以如何透過自己的行為影響這些議題；這種連結可以使故事更有深度和影響力，並讓讀者更容易產生共鳴。

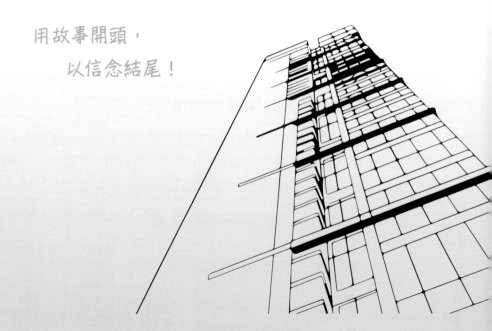

用故事開頭，

以信念結尾！

8. 有故事會讓人記住你，有信念才會讓人認同你！

有影響力的學習歷程檔案

你能想像一個YouTube頻道可以有1.67億人訂閱嗎？Mr.Beast，這位20多歲、來自美國北卡羅萊納州的青年，正是排名全球第一的YouTuber。有人說他之所以會爆紅，是因為他頻道的影片都以一些奇怪的題材為主，例如早期的24小時內讀完一部英文字典，或者從1數到10萬；也有人說他是因為撒錢才爆紅，例如他曾走到街上隨機捐贈路人1萬美元、給披薩店的服務員真正的金條作為小費，甚至讓陌生人用他的信用卡進行購物。在我們看來，這種獵奇、炫富的作為是Mr.Beast之所以可以在YouTube上爆紅的主要原因；但實際上，一個能被「病毒式傳播」的頻道，其原因主要來自3個重要概念：「觀眾」、「跟風」、「利他」。

讓觀眾幫你行銷

Mr.Beast並非一夕走紅，早期的他因為不知道如何經營一個YouTube頻道，就只是上傳自己打遊戲的影片或分享時事，甚至還不露臉，這使得他的頻道訂閱人數一直沒有起色。直到他在2017年發了一支「廢片」——從1數到10萬，這種奇特的題材才讓Mr.Beast快速獲得關注。但這種廢片拍久了，觀眾也會膩，所以他開始想辦法去猜想觀眾到底喜歡看什麼。

年輕的Mr.Beast一開始的確是因為有錢賺才開始做YouTube影片，但在2022年Mr.Beast受訪時表示，他並沒有因為YouTube賺到錢，因為他大部分的收入都拿去

投資拍下一部片，這也導致他的影片看起來非常「大手筆」，其中最簡單粗暴的題材，就是「送錢」。但是單純的送錢非常容易造成炫富的負面觀感，對Mr.Beast來說，製作出大家喜歡看的影片才是最重要的，而「挑戰」與「參與感」是觀眾最喜歡的感覺，所以Mr.Beast會隨機挑選素人來參與挑戰，成功後也會真的送他們一大筆獎金，而這些得獎者也會主動的幫助Mr.Beast在網路上分享，進而造成網路瘋傳。

跟適合自己的風讓更多人看見

Mr.Beast頻道中，點閱率最高的影片，是他砸了350萬美元，重金打造了一個還原度極高的真實版《魷魚遊戲》場景。這支影片到目前為止，獲得了4.6億次的觀看，在當時已經擁有7千萬訂閱的Mr.Beast，應該隨便做一個題材都可以賺到足夠的流量，而且他的創意非常豐富，那為什麼他還要選擇跟風呢？因為跟著時事，才可以突破觀眾同溫層。許多人已經成為Mr.Beast的死忠粉絲、因為他的創意會定期看他的影片，但是對這類型的影片沒有興趣的觀眾呢？那就要靠時事議題來取得他們的注意———而符合「高成本、送錢、挑戰感、參與感」這些要素的就是當時爆紅的影集《魷魚遊戲》。很多觀眾一開始對Mr.Beast並沒有興趣，但他們可能想知道「如果魷魚遊戲變成真人版，會變成怎麼樣？」而被吸引來看影片，Mr.Beast就是透過跟風來擴大流量———跟適合自己的風。

用影響力創造利他效應

Mr.Beast是唯一同時擁有英語與西語兩個語系觀眾的頻道，這是一個非常難以達成的成就，因為演算法一般不會把影片推送給不同語系的人，因為平台端認為語言不同，想要看的人就不多；但Mr.Beast為了囊括西語系的觀

眾，直接開了一個西語系的頻道，內容全部都是把過去的舊片翻譯成西班牙文。然而當大家以為Mr.Beast只是想要多經營一個頻道時，Mr.Beast又把西語頻道關掉，於是這些已經被圈粉的西語系觀眾，只能轉而去訂閱Mr.Beast的主頻道。

全球第一的YouTuber這個目標已經達成，就算Mr.Beast現在馬上退休也有一生花不完的錢了，為什麼還需要一直努力增加訂閱數呢？其實，Mr.Beast要的並不是錢，也不是全球第一YouTuber這個頭銜，他真正想要的是——「影響力」。如果在Google搜尋「Mr.Beast」，會出現「慈善家」這個結果，包括在影片中直接將錢送給有需要的人、目標種2千萬棵樹的「Team Trees」、提升店家收入的「Mr.Beast Burger」、直播籌款COVID-19慈善活動、清除3千萬磅的垃圾「Team Seas」……等等；這些企劃都是因為Mr.Beast有足夠的影響力，才能號召大家一起讓世界變得更好；雖然並非每個人都有時間實際參與這些企劃，但這時候，你只要點擊並觀賞Mr.Beast的影片，就成為他的計畫中的一份子、是讓世界變得更好的一份子。

以「沒有自己」的學習歷程創造差異化

在製作學習歷程時，「獨特性」一直都是我們鼓勵學生要努力的方向，但是一味追求獨特，卻容易落得曲高和寡的結果。例如你覺得社團活動中的團隊合作經驗、專業成就是很具有個人特色的獨特表現，但憑藉這些內容，真的能夠引起審查教授的興趣嗎？在眾多檔案中，教授可能會因為你的好表現而給予肯定，或因為你的獨特成就而對你印象深刻，但如果我們希望教授因為這幾頁的學習歷程而產生激動的情緒，你必須要達到「沒有自己」的境界——即以「利他」作為目的。

曾經有一個學生想要申請頂尖大學的電機系，但他評估自己的學業成就、競賽表現應該不能為他創造亮點，所以他選擇好好述說自己的理念，其中最令我深刻的是，他提到大多數人念電機系，是因為可以賺大錢，但他卻是想跟他另外2位朋友一起用電機專業去改善這個社會。一開始當他把這個「沒有自己」的理念，完整地呈現在他的學習歷程檔案中時，學校老師很擔心這樣的內容教授可能會不喜歡，建議他應該多呈現一些競賽成績或數據比較好，但這名學生認為，這麼做不僅無法突顯優勢，也不是他真正想表達的內容，所以即便有風險他還是想要如此呈現。最後，這名學生的書審資料成績高達96分。

這位同學是因為「好好寫下自己的故事」才獲得這麼高的分數嗎？我不這麼認為，書審資料的評分有太多變動因素，但至少，當時看過這份檔案的我、他的母親、同學，甚至學生自己都是極度認同這份檔案的。從自己所擁有的材料中，去挑選教授（觀眾）想看的內容，再透過利他的願景，為自己描繪「創造影響力」的可能性，讓教授（觀眾）認同並且願意參與你的計畫，而最簡單的參與方式，就是邀請你加入他們的科系。

用平凡的學習歷程，
創造非凡的影響力！

10 讓人人都可以被看見的網路世代

網路平臺降低了「被看見」的門檻

「In the future, everyone will be world-famous for 15 minutes.」（在未來，每個人都會有15分鐘的爆紅機會。）安迪・沃荷（Andy Warhol）在1968年講這句話時，沒有人相信，但這句話卻如預言般在網路時代被實現。隨著社交媒體和網路平臺的發展，人們有機會透過一支影片、一篇文章，或是任何形式的網路內容而被世界看見。

前幾年，「網紅」這個名詞很熱門。比起當藝人，大家更想當網紅，為什麼？因為門檻很低；以前當明星藝人，如果沒人引薦，很難有機會遇到伯樂，後來歌唱海選節目爆紅，因為人人都可以報名，但是上千人的海選最後可能只有不到20位可以在「超級星光大道」上被注意到，最終可以出道、發行專輯的更是寥寥無幾。而在現代，有歌手夢的素人怎麼讓唱片公司注意到自己？跟你分享有一次筆者到花蓮演講的經驗。

那天演講結束後回到旅館休息時，偶然在YouTube看到一支兩年前的影片，乍看標題跟縮圖是一個小帥哥背著吉他在電梯裡唱歌，我好奇點開這個影片後驚為天人！這位小帥哥居然可以在都是人的電梯裡毫不尷尬的唱歌，而且還很好聽，於是我就點進他的頻道，發現他有一系列的電梯唱歌影

片，才知道原來他曾發起一個「連續100天在電梯唱歌給別人聽」的影片企劃 —— 系列影片從一剛開始自己唱得很尷尬，到後來能夠自在演唱，反而是電梯中的路人看起來很尷尬，一直到後期大家逐漸會用掌聲來回應他的歌聲 —— 這系列的影片也讓這位創作者爆紅，連知名歌手林俊傑也被節目要求在電梯裡唱歌。那一整晚，我就把這個頻道上所有「在電梯彈吉他唱歌」的影片看完了，但最後我卻發現一件奇怪的事 —— 這個頻道在一年前停止更新了。照理來說，這種爆紅的頻道，應該會一直經營下去，怎麼會停更？於是我就上網到處搜尋這位創作者的名字，才在另一個新頻道發現他的蹤影，也看到他發行個人專輯的消息。

網路提供不同階級的人在競爭時擁有相同的起跑點

　　YouTube於2005年推出，而Facebook、Twitter等社交媒體平臺也於同一時期開始流行，這些平臺為個人和小型創作者提供了發布、分享內容的管道；隨著智慧型手機的普及和網路技術的進步，更多人能夠輕鬆地創作和分享內容，這讓一批又一批的素人發光發熱。

　　筆者很尊敬的蔡淇華老師，是師鐸獎得主兼知名暢銷作家，停筆20多年的他，在44歲時因為想要提醒學生「透過打掃培養責任感」這件事，寫下了〈你這個笨蛋〉一文，沒想到獲得數十萬的分享，而因為這篇文章的爆紅，開啟了淇華老師的暢銷作家之旅。另一位獲得Super教師獎的歐陽立中，透過一篇〈漂移的起跑線〉來分享自己的教學日常；這篇文章在網路上發布後，也讓老師迅速以素人的姿態爆紅，現在不僅是暢銷作家、故事教練，還是知名Podcast「Life不下課」的節目主持人。

筆者高中時，家道中落，學費仰賴慈善單位補助；父親因股票投資失利，受不了刺激而罹患了思覺失調症，當時這種精神疾患並未被廣泛認識，還是學生的我和弟弟只是覺得父親行為怪異，但過去父權至上的觀念影響下，父親說什麼我們就做什麼，然而在筆者高二、弟弟國三的那年，父親要我們休學去賺錢，於是我們就在這個父親這個沒有邏輯的要求下辦理了休學，到了一家麵包廠學做蜂蜜蛋糕；記得第一天上班，從早上8點工作到下午6點，回到家發現家中一片漆黑，我下意識把燈打開，就看到父親在窗邊，只見父親大喊一聲：「孩子，我對不起你！」接著就在我面前從二樓跳下去，我連忙衝過去想抓住他，卻只看到父親墜樓的畫面；可能因為樓層不高，父親並沒有生命危險，但那一天，我覺得我的世界都被摔碎了，只能無力地大哭。父親被送到醫院後，我們才知道除了外傷以外，父親還患有精神分裂（現稱思覺失調）與躁鬱症，必須轉到林口長庚，當時我們都不知道那是什麼病，只覺得那天桃園好冷，冷到我心裡不斷發抖。後來社工、教會相繼協助我們家，母親也一個人挑起家中的經濟重擔——每天從清晨5點工作到夜間11點，身兼3份工作，才得以養活兩個兒子以及長年在療養院的丈夫。

　　會寫出這段經歷，是想說明其實筆者本身並沒有任何創業的本錢，能夠成為一名老師、每個月有穩定且不錯的收入，我已經覺得是奇蹟了；本想如此安穩地過完一輩子，但因為108課綱的推行，為了與學生一起自主學習，才讓筆者創建了YouTube頻道「47雲端輔導室」，一躍成為大家口中的「學習歷程專家」，並在兩年後決定辭去教職，開啟自己的網路事業。

偏鄉學校學生如何透過學習歷程翻身？

　　英豪（化名）是我的網路付費學員，當初他寫信給我，希望可以報名參加付費課程，但是因為家中是低收入戶，可能沒辦法支付所有費用，因此想詢問是否有其他辦法能夠讓他參加課程。收到信時我很驚訝，這位同學為什麼會寫這封信？甚至如此勇敢說出自己的情況與需求？在與他深談後，我才得知他想改善家境的決心——英豪過去已經上網找過一切可以「免費學習」的資源，試圖提升自己的能力，但當他感覺到免費資源已經無法滿足他的學習需求時，他開始看投資理財的書，透過大量的閱讀，他明白需要投資自己，才可以擁有從底層翻身的機會，於是即使沒有足夠的錢支付課程費用，但英豪運用從書中學到的「主動出擊」的概念，決定嘗試寫信問看看——英豪的執行力令人十分驚訝，對於一個沒參加過任何大學營隊、也沒什麼厲害的活動經歷，甚至學校也是常換代課老師的情況下，居然願意如此主動、竭盡所能地尋求任何可用的資源；對英豪來說，網路上的資源就是他最好的成長養分，幫助他學會很多適應社會需要的技能以及思維。聽完他的故事後，我便以最優惠的價格讓英豪參加我的付費課程，希望幫助他在製作學習歷程檔案上，能夠有效地展現出過去在網路、書籍上的自學成果，最後英豪錄取4所校系；我最近收到他的來信，信中提到他也開始在網路上分享自己的財經知識，希望他未來也有機會透過網路展示自己的能力、翻轉自己的人生。

筆者常聽到學校老師、社會媒體抱怨：「學習歷程會拉大城鄉差距！」但對此我的看法是：「怪錯對象了。」學習歷程只是一個上傳資料的平臺，真正造成差距的是學習歷程裡面的內容；然而都會區的孩子雖然有更多機會接受不同的刺激、可以參加各種豐富的活動、比賽，學習歷程看似好像會比較充實，但以筆者輔導學習歷程的經驗，除非能夠達到像是奧林匹克競賽金牌那種等級的經歷，不然一般只是花錢就能參加的營隊、遊學證書，在目前的升學體制下是愈來愈一文不值了。只要有網路，偏鄉的孩子可以跟世界上的任何人交流、學習任何想學的知識；就算沒有實體資源，老師與家長還是可以鼓勵學生運用網路資源，教會學生如何使用「網路學習」這項武器，讓他們不止順利考上大學，還擁有可以翻轉人生的機會。

你想讓人看到你的無知？還是靠自己努力求知？

Admin：YouTube 頻道經營管理融入學習歷程檔案

引言：教授必須認真看學習歷程的理由

筆者經常聽到學生與家長抱怨：「教授又不看學習歷程，花這麼多時間寫幹嘛？不如拿來念書。」聽到這句話，我想先吐槽一個點：「多出來的時間，學生真的會拿來念書嗎？」

筆者個人相信教授是會認真看學習歷程的，而且會愈來愈認真。其實這很好理解，對於一個校系來說，系務發展的首要目標是「找到適合的人才」，如果一所校系選進來的都是沒興趣、能力不符合的學生，一來大學教授很難教、二來學生表現也不會太好，當學生畢業後，發現大學四年學非所用，就很容易降低外界對於該校系的評價，進而可能產生招生困難、縮減名額，甚至影響教授的工作權益。

學測雖然是很方便的篩選工具，但它的功能有限，只用學測來判斷學

生是否適合就讀該校系，很容易失準。有許多大學做過研究，在3種不同的入學管道中，繁星推薦的學生在大學時期學業表現最好，申請入學的居次、分科測驗的表現最差，筆者推論中間最可能的變因是「興趣」，因為繁星的申請規則限制（繁星錄取者不論放棄與否，皆不得報名申請入學），學校老師都會建議學生選最喜歡的科系；而分科測驗因為只有考試分數作依據，學生不一定會按照興趣排志願，為此，大學端也勢必希望減少因為分科測驗所帶來的選才錯誤；相較之下，學習歷程是一種能夠從更多面向了解學生的工具，教授沒理由不認真看。

筆者經常提醒同學：「不是教授不看，是你寫得不夠好看！」想讓教授認真看自己的學習歷程檔案，是需要花時間經營管理的；愈用心的檔案，愈能走進教授的心。第二章，筆者將從自己經營YouTube的經驗，來分析創作者、受眾，以及平臺三者間的關係，並將其整合後提供10種經營策略，融入在製作學習歷程檔案的方法中，以提高同學被教授看見的機率。

11
學習歷程的精準定位：如何在教授腦海中留下印象？

之前我們提過，YouTube平臺上一天上傳的影片，我們至少要花80年才看得完，在這種資訊量過載的時代，觀眾無法記住所有的品牌和產品 —— 要脫穎而出就必須考慮「定位」。而學習歷程也是一樣，教授在短短2週內，至少要看50到200件學習歷程，如果你的學習歷程檔案沒有精準定位的考量，教授很容易看完就忘，完全無法讓人在腦海中留下任何印象。

定位理論是什麼？

「定位理論」可以說是市場行銷理論中最重要的概念之一，從企業的營運、個人業務，甚至現在的自媒體經營，都發揮著核心作用。定位理論的誕生可以追溯到1970年代，由美國市場學學者Al Ries和Jack Trout在著作《Positioning: The Battle for Your Mind》中首次提出。

「定位」這個概念，簡單來說就是在顧客心目中為你的產品或服務找到獨特的位置。Al

Ries和Jack Trout認為，在當今競爭激烈的市場中，單單擁有高品質的產品或服務是不夠的，關鍵是如何在消費者的腦海中建立起獨特的、積極的形象或印象，企圖區分自己與其他品牌的不同之處，讓消費者能在首次接觸時就能認識並記住，才能從眾多的選擇中脫穎而出。

聊股票投資的頻道非常多，為什麼「慢活夫妻」這個投資頻道會快速竄起？「慢活夫妻」是一個專門聊美股投資的YouTube頻道，是由George和Dewi兩夫妻共同經營，他們提倡「慢慢生活，快快自由」的理念，並將這種理念應用到投資上，與一般講究快速獲利的投資方法不同，他們主張以長期的價值投資為主，不追求短期獲利、炒短線，實踐「慢活」的生活型態，以創造更多時間用來自我提升、陪伴家人、投入熱愛的事物。慢活夫妻透過精準的定位，在追求快速致富的時代中，將自己的頻道內容定位在與大眾分享如何「投資美股慢慢變富」；在快速的財商世界講慢慢變富的理念、在臺灣的市場講美股投資，這種簡單有效的定位策略，讓他們的頻道已經有超過7萬的訂閱者，影片總觀看次數也已經達到數百萬次，從2020年起，頻道的成長迅速，並且已經在投資理財領域中建立了相當的影響力。

同理，教授要在短時間內瀏覽這麼多相似的檔案，如果我們可以為自己的學習歷程檔案精準定位，就很容易與其他人區隔開來，那呈交上去的檔案才不至於馬上被忘記。至於要如何幫助自己的學習歷程做精準的定位呢？以下提供3種策略。

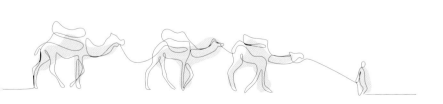

3 種應用在學習歷程的 YouTube 頻道定位策略

① 目標用戶定位

　　與其想著怎麼定位自己，不如先思考「目標用戶定位」—— 想想我們的頻道要服務的是哪些人群、我們要為這些人提供什麼樣的價值或服務 —— 而在鎖定目標用戶定位後，深入分析他們的興趣、需求、痛點以及行為模式。前期在目標用戶定位上做好功課，可以讓我們創造出目標用戶真正關心的內容，進而使他們願意花時間觀看；例如：如果你的目標觀眾是初學者投資者，這些初學者可能連股票最基本的日線、月線的意義都不懂，你的提供的內容便應該圍繞投資的基礎知識和技巧，並且提供具體步驟幫助他們開始。

　　我們學習歷程檔案的「目標用戶」是誰呢？教授？這個答案只能算是答對一半 —— 審查我們學習歷程資料的人當然是教授，但是教授的種類很多，而且不同科系的屬性不同，不能一言以蔽之；那麼我們應該如何正確定位「教授」呢？最簡單的方式就是到大學的官網查詢，每一位教授的經歷都清清楚楚地寫在該校的「師資陣容」中，點開這些資料看看教授們的領域專長、歷年著作，甚至是目前正在發展的主要項目……這些調查結果都是我們在撰寫學習歷程檔案時很好的素材；假如目標教授或是目標科系正在發展與「火箭」相關的項目，而你的學習歷程檔案中有對太空、機械或動力等相關領域有深入的研究，那你提供的內容，不就正好能夠與目標用戶所關注的領域符合嗎？

② 獨特價值定位

　　找到第一批觀眾是最難的，如果類比到YouTube經營，你的頻道如何從眾多頻道中脫穎而出，需要的是定義出你的頻道在目標市場中的競爭優勢，也就是只有你的頻道才能提供的獨特價值 ── 可以是內容風格、所提供的獨特視角、對某個主題的深入理解和專業知識 ── 例如：你的頻道主要針對新手美股投資者，那麼頻道所提供的獨特價值則可能是「提供易於理解且實用的美股投資教學」，或者是「分享自己投資美股的經驗和心得」等。

　　執行這個策略的其中一個要點是要盡量避免「面面俱到」。大多數人會擔心如果自己只專注於某個小範圍領域，會使得受眾太少、市場太小，所以希望自己的頻道內容包山包海、自己寫書的觀點能夠涵蓋每個面向，企圖讓所有的人都可以在這本百科全書中找到他們所需的答案；但是，各領域中比自己厲害的人多的是，我們可能無法針對每個領域都提出夠專業的資訊；而且我們提供的資訊再多，也比不過Google的搜尋引擎，反而是用戶如果在我們提供的眾多資訊中，無法短時間內找到需要的訊息，那麼所能達到的效果就等同於沒有提供訊息。

所以我們要做的是只針對特定的一個點來提供自己的專業或見解，進而創造自己的獨特定位；例如：前面提到的慢活夫妻，在他們頻道經營初期雖然將定位鎖定在投資理財，但這個領域涵蓋的面向與範疇其實很多，經過各種嘗試後，他們才發現了「新手美股投資」這個精準市場；雖然想懂美股投資的人相對比較少，但這個特定的需求便會吸引到特定的受眾，所以慢活夫妻做了一系列的美股新手投資教學，藉此擄獲到他們的第一批觀眾。套用到學習歷程檔案上其實也一樣，針對教授這個目標用戶，我們要提供什麼樣的獨特價值？比如大多數學生在學習歷程中提及參加營隊時，都會把第一天到最後一天的心得收穫從頭到尾寫一遍，這種又大又全的內容，就很難吸引到你的目標用戶，因為資訊太多了，無法聚焦；因此你只要在這5天的營隊中，寫下其中一件令你印象深刻的事，並好好敘述屬於你的觀點，那便可以讓你有別於其他人，為目標用戶提供最獨特的價值。

❸ 品牌形象定位

　　品牌形象定位是一個長期經營的方向與策略，當一個觀眾看到你就會自動聯想到某個領域，或是看到某領域相關的事物就會聯想到你 ── 那麼這就是你的「品牌形象定位」。例如：大多數人對於賺錢都是講究快速，但是慢活夫妻則強調長期的價值投資，他們的頻道中透過每週更新的影片逐步告訴觀眾，並說服他們長期投資的重要性，甚至還出了一本名為《慢富》的書，希望觀眾認同他們慢慢致富的理念；他們從頻道名稱、教學內容、生活行為，甚至人生態度，都一一實踐「慢富」這個原則，讓觀眾相信他們並非說一套做一套，進而也形成屬於他們的品牌形象定位。而在學習歷程檔案中，你有十多件檔案可以為你創造品牌形象定位，讓教授相信你是適合念他們科系的人；比如你想申請生命科學系，而你發現你的目標用戶（生命科學系教授）希望找到喜歡做實驗且願意長期投入的學生，那你就可以在你所提供的檔案中，盡可能說明你參與各項實驗的過程，包括你對實驗的規劃想法、執行能力、參與程度……等，用十多件檔案去說服你的目標用戶，告訴這群生命科學系的教授：「我擁有絕佳的實驗能力與熱情，我非常適合就讀生命科學系。」

面面俱到容易沒印象，鎖定目標才好找方向。

12 如何提高學習歷程檔案的 SEO？

SEO 與學習歷程檔案有關係嗎？

所謂的SEO，指的是搜尋引擎優化（英語：Search Engine Optimization），它是一種透過分析搜尋引擎的運作規則來調整網站的技術，用以提高網站在搜尋引擎內關鍵字排名的方式。那SEO有多重要呢？Google隨便一個關鍵字搜尋，就是成千上萬筆的資料，這麼多筆資料，試問你會點開到第幾筆資料呢？大部分的人可能頂多點開前三筆的資料就關掉網站了；換句話說，第二頁以後的搜尋結果幾乎不會被點擊，因此每個網站都需要提升自己的SEO排名 ── 不只是進步就好，而是需要擠進前3名才行。

想像學習歷程系統就像是一個小型的網路世界、學生是網站提供者、教授則是使用網路搜尋引擎的用戶。每個學生會上傳十多件學習歷程檔案，每個科系要審查錄取人數3倍的檔案量，因此光是一個科系的書審資料可能就高達上千件，在這麼大量的資料庫中，我們初步相信教授是會全部閱讀完畢的，但能讓教授記住的，恐怕只有少數的2、3件檔案。在每份檔案都只看一次的前提下，如何在教授腦海中留下深刻印象，就是我們要談的「學習歷程SEO」。

提高學習歷程 SEO 的 5 種方法

❶ 關鍵字的設置

我們都習慣使用「關鍵字」搜尋，但你有沒有發現，如果你的關鍵字不夠精準，常常會搜尋到很多無關的資訊；例如我只輸入「手機殼」，大概會跑出一堆跟我的手機型號不一樣的手機殼，因此要找到符合需求的手機殼，就需要打出「型號＋手機殼」（例如「Galaxy Z Fold4手機殼」，剛好最近筆者換這款手機，正在找手機殼，就拿來舉例一下）才可能精準找到我需要的。

那反過來說，為了使教授能在印象中精準搜尋到我們的學習歷程檔案，我們應該為自己的檔案設置關鍵字。這個概念大多人都明白，但許多人都為自己設置了錯誤的關鍵字：「英檢、社團、模聯、熱心助人、領導力、同理心……」這些「關鍵字」的重複率太高了，太多人都在檔案中提及自己擁有這些類似的經歷或特質，這就是為什麼教授們常常會抱怨：「每個人寫的都一樣！」很多時候就是因為這些「完美」的特質被大量的濫用，才會讓人覺得好像每份檔案都一樣 ——— 其實這些形容詞不是不能用，只是它們不能成為你的關鍵字 ——— 10份不同的服務學習檔案當中，全部要傳達的都是同理心的表現，那麼便等同於沒有關鍵字可以搜尋得到你的服務學習了。

那麼應該如何為自己的檔案設置正確的關鍵字呢？要在眾多檔案中，讓教授能夠在腦海中馬上搜尋到你，我建議使用「長尾關鍵字」，意思就是更具體、目標更精準的關鍵字，例如：「面對唐氏症的同理心」，這樣的關鍵字放在你的學習歷程檔案，就絕對會產生強烈的記憶點，打趴一堆其他只寫「同理心」的檔案。

❷ 直接命中核心的開頭

　　我們都知道教授要看的檔案很多，但忘了教授的時間很寶貴，如果我們沒辦法幫教授節省時間，讓他們迅速看到重點、找到他們想要的人才，那你的檔案就非常有可能淹沒在一堆檔案海之中。試想看看，平時我們在搜尋網路文章或影片時，哪些內容會讓你花時間看下去？是先說明來龍去脈後，才進入正題的嗎？不是吧！10秒內沒得到需要的訊息，一般人就會離開頁面了。Microsoft在2015年的一份研究顯示，現今人類的注意力只有8秒，比金魚的9秒還短；因此，如果我們的檔案沒辦法在10秒內讓教授接收到他所期待的訊息，那評價可能就會淪為平庸了。

　　要如何一開始就讓教授接收到訊息呢？我認為不是炫麗的寫作開頭方式，而是直接呈現我們最有特色的內容 ——— 可能是比賽的戰績、適合校系的特質、過人的表現等 ——— 開頭直接亮底牌，教授如果喜歡就會看下去，就算不喜歡，通常也會多看兩眼；如果先鋪陳說明這個比賽的歷史脈絡、老師如何用心投入等等，卻沒有將重心放在自己身上，讓教授必須得花時間去找關於你的部分，如果找得到還好，稍微難找一點教授可能就會放棄了，那就非常可惜了你花心思做出來的檔案。

③ 實際故事案例：日檢 N5 如何贏過 N4 ？

許多同學為了證明自己真的參加過特定活動，會在檔案中放上形形色色的照片、獎狀、證書⋯⋯但教授看到這些，就可以了解你在這個活動中投入的心力了嗎？如果你為了考取日文檢定，花了大把時間自學日文、看日文書、甚至自己打工賺錢去日本遊學，最後考取了N5日文檢定，而另一位同學只是因為媽媽是日本人，因此他從小在家使用的母語就是日文，就算沒有準備就去考試可能都有N4的程度；如果只看到證書，N4永遠贏過N5，但說到對日本文化的熱情，N5一定會輸給N4嗎？

「冷冰冰的佐證資料必須永遠都是配角！」如果讓佐證資料當主角，就不可能有翻盤的機會，而要讓佐證資料當配角，最容易的方式就是好好說一個故事 —— 假如考取N5的同學在檔案中詳細描述自己為何要花半年時間打工賺錢，只為了去日本遊學2個禮拜，以及在遊學的過程中體驗到什麼驚奇之處或是文化衝擊，因此讓自己立定未來就讀日文系的志願 —— 這絕對比只是剛好受家庭背景影響而學習日文，還要來得有吸引力。

④ 良好的閱讀體驗：排版的重要

排版重要嗎？有些教授會跟你說：「簡單乾淨就好。」這點完全沒錯，但你很可能會因此誤以為排版不重要，其實簡單乾淨才是最困難的排版方式。前面我們提到教授的時間寶貴，如果教授需要在凌亂的版面中找尋申請者的優點、需要看小論文有沒有格式錯誤、有沒有錯字⋯⋯那對教授而言，看這份檔案就需要很費力、CP值很低，花了時間也不一定能找到想要的人才。

嚴謹的格式、沒有錯字是最基本的要求，再來就是一眼就可以看到重點的呈現方式 —— 有時候可能是表格、有時候可能是畫重點，用你最擅長的方式呈現你的優勢即可，沒有任何限制；但也因為沒有限制，個人的版面編排能力就會被明顯拉開差距 —— 在排版上，女生的表現普遍來得比男生好，但容易過度絢麗，導致重點不夠一目了然，而且比起建置內容，容易把太多時間花在排版上，這是相對比較可惜的地方。而男生⋯⋯就是懶！

47 雲端輔導室｜5 招提升學習歷程 SEO 能見度的方法！
文案式學習歷程寫作心法
https://youtu.be/UyQjwls9PB4?si=a2M8OVuk1uEcD6m6

⑤ 引發好奇的結尾

　　應該怎麼結尾呢？再次使用名言佳句嗎？還是呼應開頭？比起這些，筆者建議，要有讓人「好奇」的結尾，因為我們交出去的檔案不只一份，我們會希望教授停留在自己的檔案上的時間久一點 —— 看完自傳，可以去看看多元表現、課程學習成果等 —— 當教授停留的時間愈久，就愈有機會能夠留下深刻印象；這就像是韓劇為何讓人一看就停不下來？因為韓劇的每一集都在觀眾最好奇的地方告訴你下集待續，為了知道接下來的劇情發展，觀眾就會一集接著一集繼續看下去；同樣的，如果我們的檔案可以引發教授的好奇心，讓教授去多看看其他的檔案，那我們的學習歷程在教授心中的SEO排名也就會比較高了。

沒有前三名的印象
就沒有意義

你應該知道「阿滴英文」這個頻道吧！截至2023年為止，阿滴英文的YouTube頻道已經累積了超過276萬的訂閱者，在海內外都有很高的知名度；為什麼阿滴英文會成為臺灣第一的英文教學頻道？阿滴的頻道有兩個特點：「深入且實用的英文教學內容」、「深入淺出的教學風格」。他的頻道中提供了廣泛的英語教學內容——從基礎的語法和單詞，到進階的表達和寫作技巧，涵蓋了英語學習的各個面向——任何英文程度的人到他的頻道，都可以找到適合自己的英文學習資源；加上阿滴擅長將複雜的語言學概念簡單化，使學習者可以更容易理解和記憶，並用生動有趣的教學方式，融入日常生活的例子和狀況，使人覺得學習英語不再枯燥無味。

在阿滴英文早期的影片中，有一支「大學甄試入學超殺英文自介」，影片內容主要是教學生如何用英文自我介紹，其中對於「超時」這件事，影片中提出了一個非常有趣的見解，他以一個公式來說明面試超時的影響：「學測總級分－（超出時數／教授耐心）的根號平方－面試順序」。雖然我不太明白這是什麼原理，但我覺得非常的有趣，並且能夠讓人把「面試超時」這個警戒點，牢牢地記在心中；而除了有趣的表達風格，影片中也提供了可以執行的英文自我介紹架構讓同學參考使用，這樣輕鬆有趣，又能學到東西的影片結構，是阿滴英文頻道始終保持的風格，而他的頻道因為涵蓋各式各樣的英文教學內容，便讓每一位想學習英文的人，都能在阿滴英文的頻道中找到適合自己學習的內容。像阿滴英文這樣以「各種與英文學習相關」的內容來經營的頻道，就是一個「內容行銷」的成功案例。

內容行銷是什麼？為什麼內容行銷這麼重要？

「內容行銷」是一種行銷策略，是透過提供有價值和有吸引力的內容來吸引目標受眾，從而達到接觸更多潛在客戶、建立品牌忠誠度、提高銷售和增加業績等目標。內容行銷之所以有效，有以下幾個主要原因：

❶ 提供價值和解決問題

好的內容行銷致力於解決目標受眾的問題，通常透過提供有用的資訊或實用的建議等方式；當受眾感受到這些內容對自己有幫助時，便會更傾向於信任這個品牌。

❷ 建立信任和權威

透過長期提供專業且高品質的內容，品牌可以建立自身在特定領域的權威地位。相較於一次性的廣告宣傳，內容行銷可以持續吸引和影響受眾，為品牌帶來長久的效益。

❸ 改善搜索引擎排名

搜索引擎通常會對於高品質、有價值，且同一頻道皆提供同樣屬性內容的影片給予較高的排名，因此用戶在搜尋時能夠獲得更好的曝光，進而增加流量（這點我們在前一篇中有詳細說明）。

學習歷程檔案，最適合使用「內容行銷」策略

我們所勾選給教授看的每一個檔案，目的都是想要讓教授知道：「我適合念這個科系。」因此每一份檔案都是內容行銷的素材──當教授們看完我們所有的學習歷程後，能夠認同並相信我們適合進入該科系，就是最理想的結果──但是大多數人都沒能好好地善用內容行銷策略，而其中最常犯的錯誤，有以下3個：

❶ 提供太多不相關的內容

在前面我們提到阿滴英文的例子，因為整個頻道的主軸都是英文教學，所以想要學英文的觀眾，就會去阿滴的頻道找找看有沒有需要的內容；但是假設同學想透過所勾選的檔案企圖創造出一個「完美的全才」（一下對人文有興趣、一下對科學有興趣）這樣的策略其實是沒有效用的，因為想呈現的亮點太多，導致整份檔案太「亮」，讓人根本看不清楚你是誰──通常學生會選擇呈現這種「多面向全才」的形象，大致上可以歸納為「怕」與「懶」這兩種原因：前者是怕別人都寫得很多元發展、十八般武藝樣樣精通，擔心自己沒寫到會輸給別人；而後者則是在於不想為了不同科系客製化製作學習歷程檔案，因此企圖只準備一個版本所有科系通吃──但其實我們只要專注於一個屬於自己獨特的亮點，讓每一篇學習歷程檔案針對這個亮點聚焦呈現，就能為我們的學習歷程做最好的內容行銷。

❷ 提供網路就找得到的內容

　　YouTuber透過長期在頻道展示特定領域的專業內容，目的是為了建立在該領域的專業形象；然而許多學生所提供的檔案，要麼是照著學校老師設計好的學習單模板寫上去、要麼是抄抄維基百科的內容，讓人完全感覺不到專業程度。曾經有位學生寫了一份建築相關的學習歷程，內容是關於日本知名建築師「伊藤忠雄」的簡介，學生用了滿滿4頁PPT介紹，我看完就問他一句：「這些資料我在維基百科中都查得到吧？」這位學生點點頭，於是我告訴他，像是這樣的內容看起來雖然豐富，但基本上完全沒有專業性，因此建議比較好的做法是簡介完伊藤忠雄以後，挑出3件伊藤忠雄的作品，並將他的建築理念歸納出3個要點，最後以這些要點好好闡述自己對這3件作品的看法，如此一來才能讓教授相信自己是經過吸收消化才提出這些看法，呈現出的資訊是扎扎實實從中學習到的知識，而非只是蒐集而來的網路資料。

③ 只講感受沒有系統的內容

筆者曾經受邀擔任某個高中的學習歷程成果展評審,當時因為參展的都是該校中同年級、同時期的學習歷程檔案,於是20份資料中,至少有12份資料在講同一件事(這學期去國外姐妹校的一場深度交流活動)因為同學都覺得很有收穫,所以都把這次經驗寫在自己的學習歷程之中;但很有趣的是,這12位同學的收穫有90%都一樣 —— 全部都是反省自己第一次交流沒有準備好、覺得很緊張,第二次交流時認真準備,終於學習到如何查找資料,最後很順利地跟外國同學交流…… —— 我一度以為自己在看重播的內容。這些同學的檔案所描寫的都是自己的心情,並沒有歸納或統整出任何原理或原則,因此我完全無法感受到學生在這場活動中是否學到任何東西;情感雖然很能帶動讀者的情緒,但只有情感沒有系統,無法達到內容行銷的目的。因此我們要做的,是將所看到、所學到、所感受到的,用「系統化」的方式呈現,如此我們的檔案就會具有結構感,教授就能夠一目了然我們在這個活動中所學習到的事情。而如果同學所提供的每一篇檔案,都可以用這種系統化的方式呈現,再加上前述的「聚焦亮點」與「提供專業」,那就是一份「內容行銷策略」成功的學習歷程檔案。

用內容展示專業,
讓專業為你行銷。

14 用「持續更新」為學習歷程帶來巨大的效果

筆者從2021年決定開始經營YouTube頻道時，就給自己訂下一個目標 —— 這個目標不是訂閱人數達到多少人、獲得多少讚，而是 ——「每個禮拜都更新一支8分鐘的影片」，因為訂閱人數與按讚數並不是我能掌控的，我唯一可以控制的是我自己的更新頻率，而且就我的觀察，幾乎所有成功的YouTube頻道都會持續且定期更新 —— 持續更新這件事，似乎成為一個成功的YouTube頻道最基本的要求。

YouTube 的首頁推薦機制？

除非自帶巨大的流量，不然幾乎沒有人可以只用1、2支影片就讓頻道獲得成功。要讓頻道被很多人看到、訂閱，必須要靠YouTube的演算法把你的影片推薦到觀眾的首頁；那麼頻道要怎麼樣才能被YouTube推薦呢？首先則必須要讓YouTube認識你的頻道。

YouTube的演算法，基本原則就是把你想看的影片推薦給你；例如：某人經常觀看股票分析的影片，那YouTube的演算法就會判斷這個人喜歡看股票分析的內容，便會推薦符合這個人觀影習慣的影片到他的首頁；那麼YouTube是如何找到適合這個觀眾的影片的呢？這時候如果某個頻道的內容全部都與股票分析相關，YouTube便會判定這個頻道的影片是這個觀眾可能會喜歡的，一旦當頻道有新影片上架時，YouTube就會把影片推薦給這些特定的觀眾。

　　假如你的頻道剛開始經營、影片數量不多，YouTube還沒有辦法辨識這個頻道的屬性，也不確定你是否會持續更新，那演算法就無法將你的頻道推薦出去，所以這時候，你需要不斷累積內容，讓YouTube認識你。而一旦當你的頻道中有某支影片被演算法推薦給很多人 —— 那就是你「爆紅」的那天。

「持續更新」為學習歷程帶來的三大效益

　　「亮點、吸睛」是學生在製作學習歷程時常見的策略與目標，但「持續更新」其實才是真正對於我們學習、專業發展和創造性活動有深遠影響的關鍵；透過了解和實踐「持續更新」這件事，我們的學習歷程可以達成提升信任、專業和品質3個面向的效益，以下逐一詳細說明：

① 提升信任

　　頻道持續更新內容，對於觀眾而言會產生一種可預測性、讓觀眾知道在特定的時間點可以看到新的影片，並對此產生期待感，此外，持續更新的頻道也能反映創作者對其工作的認真態度，這將使觀眾感受到這名創作者是值得信任的；隨著時間的推移，創作者與觀眾之間的關係，將透過定期與觀眾的互動逐漸建立起來，觀眾對創作者的信任感也會逐漸深化。同樣的，持續更新的學習歷程，也較能提升教授的信任感 ——— 相信你對這個科系是有興趣的。我們用最直觀的的數據來看：你覺得只參加過一次「飢餓30」活動的人比較有同理心，還是連續參加6年的人呢？之前我聽過一位老師禁止高二同學參加學校的表演活動，負責協辦該活動的行政單位詢問這位老師為什麼不願意讓學生參加活動？老師的回答是：「這個活動學生在高一參加過了，已經可以寫學習歷程了，高二好好讀書就好。」如果我們今天想讓教授知道自己是一位熱情活潑、勇敢表達自我的人，但學習歷程檔案中卻只有一次參與表演活動的經驗，那就像是我們的YouTube頻道中只有一支影片 ——— 沒有持續更新，那就很難讓教授相信。

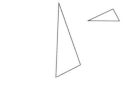

② 提升專業

　　持續的內容更新可以證明創作者對頻道的投入和專注，顯示了他們對內容的專業性，此外，規律和持續的更新模式使頻道看起來更像一個專業的品牌或機構，而不僅僅是一個休閒的娛樂平臺；這種專業感可以吸引更多的觀眾，讓觀眾感覺到自己是將時間投資在一個值得的、有價值的頻道上。大學科系所關注的大多是特定的專業範疇，如果學生在高中時期就累積了大量對特定領域的研究，就比較容易讓教授相信這名學生適合就讀與該領域相關的科系 —— 這裡說的大量，就是一種持續更新。過去10年來，筆者所服務的學校在「英文物理辯論」這個領域，是全國大賽的常勝軍，不少學生都用這個競賽資歷申請到自己心中的理想大學。經過我的觀察，這些參與英文物理辯論的學生，一年中有7、8個月都待在實驗室，連續3年從不間斷；這些學生大量累積實驗經驗，讓他們的研究實力達到全國頂尖，這樣的「持續更新」就能持續累積自己的實力與專業，提升錄取理想大學的機率。

❸ 提升品質

　　筆者現在都不太敢看自己頻道初期的影片，覺得自己講得好爛、語速好慢，影片看著看著很容易睡著；後來因為忙碌，同時在需要持續更新影片的壓力下，我不斷去簡化自己製作影片的流程，並逐漸優化自己的影片，2年下來，一共累積了超過100支影片 —— 每週1次的練習，持續更新2年，相較前期的作品，現在的影片就變得優質很多 —— 如果你喜歡看漫畫，也可以對比一下一部漫畫的前後期畫風，通常後期都會愈畫愈好（例如《灌籃高手》這部漫畫就很明顯）。持續更新內容可以讓創作者有更多的機會去嘗試、學習和改進，隨著時間的推移，創作者便有可能逐步修正、改善自己的創作流程，以提高作品內容的品質。雖然「重質不重量」的學習歷程評分原

則，一直被教育部官方拿出來強調，但筆者認為如果沒有足夠大量的練習，是很難寫出高品質內容的。筆者曾經輔導過一位學生寫自傳，他是國際科展的冠軍，當時他想用這個資歷去保送臺大，於是一個聰明的孩子拿著自己好不容易獲得的學習成果，努力地在輔導室寫了3天的自傳，但我看完只能很誠實的跟他說：「這份資料不能用，寫得太差、太沒特色了。」這不能怪他，因為這是他第一次寫自傳，沒有經驗，只能仿照學長姐的範例，一段優秀的經歷只換來一份普通的自傳多可惜。因此，除了專業需要持續更新，呈現方式也絕對需要透過持續更新來累積經驗，才能讓我們最好的一面有效的呈現在教授面前。

持續更新，是為了迎來「爆紅」的一瞬間。

15 用「觀看時長」讓教授相信你的學習歷程

如果身邊有一位朋友在經營自己的YouTube頻道，我們通常會問：「你現在多少訂閱了？」的確，過去我們判斷一個YouTube是否成功，都是取決於他的「訂閱數」，原因是當時YouTube的演算法為了推薦適合的內容給觀眾，會以觀眾是否訂閱這個頻道，來判斷我們喜歡看哪種類型的影片；例如：筆者所訂閱的頻道中有英文教學、電影解說、理財分析等類型，那YouTube就會經常推薦這樣的影片到我的頻道首頁，所以過去的YouTuber都希望粉絲可以：「按讚、訂閱，開啓小鈴鐺」，就是希望讓演算法能夠自動推播這些頻道的影片給頻道訂閱者；但是隨著演算法愈來愈成熟，YouTube已經不再需要透過訂閱來判斷使用者喜歡看哪一類的影片，而是改用「觀看時長」來判斷一支影片適合推薦給哪些觀眾，因而「觀看時長」也就變成判斷一個頻道影片好壞的重要機制。

殭屍帳號

　　記得剛開始經營「47雲端輔導室」時，就有同學說：「老師，我們可以去幫你按讚訂閱！」我聽到時害怕極了，立刻拜託他們不要輕易按下訂閱鍵，並請他們考慮清楚，如果有需要再來訂閱；為什麼有人要訂閱我的頻道，我卻很害怕呢？你聽過有人會花錢請人衝訂閱數嗎？大致的原理就是透過不存在的假帳號（也就是我們俗稱的「殭屍帳號」）快速且大量地增加頻道的訂閱數與按讚數。只要支付一筆費用，就可以讓自己頻道的流量在短時間內衝高、讓頻道瞬間壯大；但是這些殭屍帳號不是真人，他們點擊影片後不會乖乖把影片看完，通常點進去1秒後就跳出影片 ── 這種觀看時長只有1秒鐘的舉動，會使演算法的機制將影片判斷為「對觀眾沒有吸引力的影片」 ── 於是就會被YouTube歸類成爛片，也就更不會推薦給其他觀眾。一個不會被YouTube演算法推薦的頻道就視同廢掉的頻道，未來不管更新再好的影片，觀眾都都很難在首頁或推薦欄看到這個頻道的影片。

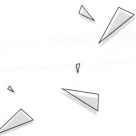

用提供價值來提升觀看時長

　　「觀看時長」為何逐漸成為YouTube平臺的最重要指標之一？對YouTube平臺本身來說，奪取注意力是最重要的任務，如果可以讓更多人、更長時間停留在平臺上，那便可以從贊助商手上賺取更多的廣告費。YouTube過去用訂閱數來判斷觀眾喜歡的內容，進而推薦適合的影片讓觀眾留在YouTube平臺上，現在則是透過觀看時長，來評估觀眾喜歡哪一類的影片，因此就算沒有訂閱，平臺還是會根據觀眾的觀看習慣推薦相關的影片（這就是為什麼我們的YouTube首頁常常會出現沒訂閱卻常看的影片）只要一個頻道的影片擁有「優質內容」，那就會吸引一批支持的觀眾，YouTube就會定期推薦該頻道的影片給他的觀眾。那什麼樣的內容是所謂的「優質內容」呢？簡單來說就是能夠「提供價值」的內容；假設我今天想要買一雙新的籃球鞋，但我不知道哪一雙籃球鞋適合自己，於是便上網搜尋「Curry球鞋」，這時候就會出現很多Curry球鞋的開箱、實測影片 ── 這些YouTuber會詳細介紹每一雙Curry球鞋有什麼特性、使用什麼材質、運用什麼最新科技，有些還會幫觀眾分析比較，說明有哪些需求的人適合買哪雙球鞋等等 ── 這些頻道就提供了「節省時間」的價值，讓我不用在現場一雙雙試穿（我當時就是看了幾個球鞋介紹頻道後，隔天二話不說直接到店裡指名要Curry第7代，買了就走）。

如何有效提升學習歷程的觀看時長

當我們長時間接收同樣的資訊，我們就很容易相信它；但如果一名創作者所提供的內容無法抓住觀眾的注意力，讓人看沒多久就想離開，那觀眾不僅很難相信他，還可能會產生一個錨定效應 ——— 認為這位創作者的其他作品，也都是不值得花時間去看的內容。我們有時會聽見一種論調：「教授不會認真看學習歷程，做了也沒用。」但實際上，不是教授不認真看，而是這些學習歷程沒有提供價值來抓住教授的注意力。例如：同學參加了一個為期5天的大學營隊，活動結束後，便在檔案中很認真地介紹營隊每一天的行程，並附上滿滿的心得……你認為你的觀眾（也就是大學教授）會想要知道這5天的營隊行程嗎？不會的，詳細的營隊活動行程敘述與心得無法提供給教授任何價值，充其量就只是「營隊介紹」而已；在審查時間已經很有限的情況下，教授當然會想直接跳過這些資訊（連帶著在心中留下一個錨定效應：這個同學的檔案可能都很囉唆），那麼其他的檔案也就很容易被忽略掉了。以下提供同學3個方法，幫助你讓自己的學習歷程檔案提升觀看時長：

① 開頭先說結論

人是沒有耐心的，我們不能像小說、電影一樣在結尾才爆出驚人結局，尤其在審查時間有限的情況下，我們必須在開頭直接寫出這份檔案的結論。這樣的寫法，一方面能夠讓教授在第一時間迅速判斷這份檔案是否有價值，以及是否願意投入時間去閱讀，而另一方面則可以在教授注意力最集中的時候，讓他們去認識並記住你的檔案。

❷ 聚焦特定事物

　　「訊息過載」指的是當消費者接收到過多的資訊時，他們可能會感到困惑、沮喪或無法作出決策，而這種現象可能會減少消費者對產品或服務的興趣和滿意度，將這個概念應用到學習歷程檔案的製作上，會建議同學要避免「從頭寫到尾」的壞習慣，只要專注地提供一個訊息，創造「記憶點」，就能讓教授在極短時間內記住這份檔案。務必記住 ——— 提供太多資訊的效果就等於沒提供資訊。

❸ 詳細說明案例

　　數據、表格這些條列式訊息雖然能夠讓人一目了然，但這種方式比較適合呈現單純的「資訊」，通常會比較建議放在開頭當結論使用。然而人對一堆「資訊」是不會產生興趣的，只有透過「故事」才能生動地在教授腦海中建構出當時你參加活動的畫面；因此我們在學習歷程檔案的中段，建議同學儘可能詳細說明每個場景、細節，給教授身歷其境的感覺，用精彩的「故事」將觀眾留下來，才能提高整份檔案的觀看時長。

誤會，是短時間錯誤的陌生；
信任，是長時間相處的熟悉。

16 利用「關鍵字」提升 學習歷程檔案的能見度

大家應該都有過在Google搜尋引擎欄位中輸入某個關鍵字後，下面出現一整排建議搜索選單的經驗，比如當我們搜尋「iphone15」，可能就會出現「iphone15 pro」、「iphone15手機殼」、「iphone15價格」等相關推薦。你知道這是什麼原理嗎？這背後其實有一套相當複雜的機制；首先，這些建議的關鍵字，是基於大家常用的搜尋詞彙，也就是說這是一種透過大數據分析所得出的結果；其次，搜尋引擎會根據我們過去的搜尋紀錄來個性化這些建議，這就像是搜尋引擎在「了解」你一樣，幫助我們尋找到需要的關鍵字。

在網路如此發達、資訊量爆炸的現代，要讓我們的文章、影片曝光在觀眾面前，「關鍵字設置」是非常必要的動作。關鍵字就是資訊過濾器，它可以幫助觀眾更有效率的找到需要的內容，甚至有時候人們可能還不確定自己真正需要什麼，這時候關鍵字就能引導他們去探索更多、更精準的內容。

Airbnb 如何透過關鍵字脫穎而出

　　Airbnb是一個讓人們能夠將自己的空房間或整套房源出租給旅行者的線上平臺，成立於2008年。一開始只是2位設計師將家中空間出租給3位正在尋找住宿的旅客，後來發展出一套獨特的商業模式：Airbnb透過線上平臺媒合房東和房客，提供從單間房間到豪華別墅等各種類型的住宿選項，而平臺方不需要擁有任何實體的房地產，只要從中收取一定比例的服務費即可。

　　觀光旅遊是目前人類社會最大的需求之一，其中住宿更是旅遊過程必要中的必要；在眾多的競爭對手中，Airbnb是如何脫穎而出的？他們初期的主要競爭對手是傳統的飯店業者，但Airbnb只是一個網路平臺，要讓有住宿需求的人透過網路搜尋到平臺並透過它訂房，「關鍵字」的設置便扮演極為重要的角色，因此他們針對「短租」這個關鍵字進行優化，例如：「便宜住宿」、「短租房源」這類關鍵字，以吸引那些尋求價格合理的住宿選項的旅行

者；之後更延伸出「紐約市中心短租」、「家庭友善短租」等關鍵字，搭配著名景點與特定節日假期等附加要素，增加人們訂房的需求。至今Airbnb平臺在全球超過220個國家和地區提供服務，市值超過817億。

為何學習歷程檔案需要設置關鍵字？

「關鍵字」最主要的功能是作為資訊分類的工具，就像在搜尋引擎或YouTube平臺上一樣，關鍵字在學習歷程檔案中也能作為一個有效的檢索工具。教授在閱讀同學的學習歷程檔案時，通常會習慣性抓取與自己領域相關的關鍵字，以利迅速找到所期待看到的內容；想像一下教授要在有限的時間內審查大量的學生檔案，這時如果我們的檔案中有教授特別關注的關鍵字，比如「生物工程」或「數據分析」，這便會大大提高我們的檔案被仔細閱讀的機會；更進一步來說，關鍵字可能不只是單一的文字或短語，它們可以是我們過去、現在，甚至未來學習和研究方向的一個縮影。對教授來說，這些關鍵字像是一個快速了解我們的「索引」，能夠讓他們迅速掌握我們的專業領域和興趣。

當然，關鍵字的選擇和設置不是隨便來的，我們需要深入了解自己有興趣的領域，甚至也要預測我們目標科系的教授可能會對哪些關鍵字特別感興趣。以下將會說明一些常見的錯誤關鍵字設置，並提供建議的關鍵字設置方法。

常見的錯誤關鍵字設置

讀到這裡你可能會想，那同一學群或科系的關鍵字不是都很相似嗎？這樣教授如何區分出同學們的學習歷程檔案呢？確實，如果我們只是以科系的角度設置關鍵字，的確非常有可能與他人重複，因而降低個人學習歷程的辨識度，以下2種是同學在關鍵字設置上經常犯的錯誤：

❶ 選擇過於籠統的關鍵字

不論是個人品牌或是大型企業，我們時常會見到他們在設置關鍵字時都選擇了過於籠統、過於普遍的詞彙。假設你是一位專攻生物科技的學生，一般可能會認為「生物」、「科技」這些詞是合適的關鍵字，但問題在於，這些詞彙太過普遍，幾乎每個相關領域的人都會用，這樣一來，你的學習歷程檔案就很難在眾多相同關鍵字的檔案中脫穎而出。

❷ 過度專業的關鍵字

另一個常見的錯誤則是走向另一個極端 —— 選擇過於專業或冷僻的詞彙。假如你選擇了一個非常專業的生物學術語（例如「核糖體生物學」），除非你確定受眾（通常是審查教授或專家）對這個領域有深厚的了解，否則這樣的關鍵字反而可能讓人卻步。

簡單好用的關鍵字設置法：「複合式關鍵字」

　　要容易被分類，又要展現個人獨特性的關鍵字 ——「複合式關鍵字」就是將校系特性結合個人特點 —— 便能夠符合我們的訴求。首先，我們得先去了解自己的受眾，也就是想要申請的校系與教授，初步了解在他們的研究領域中，經常使用哪些專業詞彙；接著再回過頭細數我們的專長、技能或是高中時期投入最多的項目，再將兩者進行對照與結合，創造屬於自己的獨特關鍵字。例如：一位學習太極拳的高中生，想要申請營養學系，就可以用「太極營養」作為關鍵字，將這兩個看似非常不同的領域結合在一起，在撰寫學習歷程時針對「太極營養」這個概念進行解釋 —— 可能是你從太極拳中學習到的陰陽調和，與營養學裡的某些食物搭配有所關聯，因而讓你產生「太極營養」的概念 —— 因為是自己熟悉

的領域，完全可以自由發揮，寫起來也會非常的順手，而營養學系的教授對於這個熟悉又新奇的字眼，也很容易產生高度的興趣。

　　「關鍵字」在學習歷程檔案中，扮演的不僅僅是一個「標籤」或「分類器」的角色，更深一層來看，這是一個能夠連接我們的過去、現在和未來的橋樑。許多同學會在學習歷程檔案中，提供非常多元的資料，但是這些資料彼此並不一定有所關聯，這樣對於審查的教授來說其實是很大的負擔，因為教授必須在眾多資料中，替這份資料找到與科系的關聯性，而光是尋找這件事，就非常可能讓教授對這份檔案產生疲憊感。然而如果我們在提供的眾多學習歷程檔案中，有多份資料圍繞在「太極營養」這種自己設置的獨特關鍵字上，所有資料就有了重心，這張個人標籤也就非常容易烙印在教授的腦海裡。

用關鍵字將爆炸資訊分類，用複合式關鍵字讓你另類

17

我知道「受眾分析」很重要，但我做不到怎麼辦？

　　你曾經思考過，我們的學習歷程是要給誰看的嗎？「當然是教授啊！這不是廢話嗎？」答案雖然是教授沒錯，但這樣的答案很難讓我們精準掌握目標受眾是誰。

　　自從學習歷程的政策推行以來，所有人都在關心一個問題：「教授喜歡什麼樣的學習歷程？」有非常多單位辦理相關的講座，邀請各個不同的教授分享他們的觀點，如果可以，我也幾乎都會去參加這些論壇。但你知道嗎？我聽完只有一個心得──不如不要聽！為什麼？因為我發現每一位教授講得都不一樣。有的說要畫重點，有的說不要；有的說美編排版代表一個學生基本的用心，有的說簡簡單單、白底黑字就好……各有不同的說法，把老師、學生、家長都搞得非常混亂。我經常到各個學校去分享學習歷程製作這個議題，經常有學生在會後跑來跟我說：「47老師，你說的對！每個教授都講得不一樣，到底應該聽誰的？」這些問句都帶著疑惑與無助。

　　到底教授喜歡看什麼樣的學習歷程？看似是以受眾思考的角度來提問，但實際上卻是一個不精準的問題。在解答這個問題之前，我們先來聊聊「受眾分析」這件事。

何謂受眾分析？

「受眾分析」是指了解和分類我們的目標受眾的過程，目的是為了能與受眾有更好的溝通以及確實傳遞訊息，而有效溝通的重點不僅在於資訊有沒有好好地被傳遞，更重要的是如何被受眾理解和接受；當我們愈了解受眾，並且加以分類，我們就可以提供更加個性化與客製化的內容；但是我們必須理解一件事 ── 基本上，沒有一種內容可以滿足所有人，如果想滿足愈多人的期待，很容易只會適得其反；期望每個人都能聽自己說話，不如好好地只對一個人說話！

每個人的YouTube首頁內容都不一樣，我們都大概知道，這是源自於演算法根據觀眾過去的瀏覽紀錄，來推薦觀眾可能喜歡的影片，但YouTube是如何判斷哪些影片適合誰呢？對創作者來說，能否獲得流量的關鍵，不是自己到處轉發分享，而是要獲得YouTube平臺的推薦，才能吸引大量的觀看。YouTube平臺一方面會就創作端所提供的內容將頻道歸類，另一方面則透過數據分析得知觀眾喜歡哪些類型的內容，並將兩者媒合，如此一來我們就會接收到來自YouTube平臺推薦可能適合自己的內容。因此如果一個頻道的內容鎖定大眾化，頻道主題也經常變來變去，以企圖吸引所有人，那這個頻道很容易就會因為「定位」不夠明確、YouTube不知道應該推薦給哪些人，而無法吸引到精準的觀眾，導致流量難以有效地提升。

地方媽媽的需要

在YouTube後臺中，有一個叫做「觀眾特性」的介面，其中的分析項目包括了解觀眾的年齡層、性別和地理位置。為什麼YouTube要提供這些數據呢？在筆者的頻道「47雲端輔導室」經營初期，頻道觀眾的最高比例落在35～45歲的女性，這個資訊對我來說非常的重要，因為我一直以為我在對高中生說話，但實際上最關注這個頻道的人，是一群「地方媽媽」──確實，媽媽對於孩子的教育、升學資訊是非常重視的，許多媽媽便會上網爬文、搜集資訊，希望能在自己孩子的升學路上盡一份心力──當我意識到這點，便開始調整影片的內容，讓影片所提供的資訊盡可能瞄準這群「地方媽媽」的需要；比如在構思腳本時，就會去思考，這種話題媽媽們喜不喜歡？媽媽們是否可以理解一些關於學習歷程相關的專有名詞？後來更是將關注放在媽媽們可能因為擔心孩子的升學而過於焦慮的心情，因此開始不定期會發一些親子互動的內容以及重要時程的提醒。當我以目標受眾需求的角度開始進行頻道內容的調整後，我發現頻道的觀看次數與流量明顯進步了，這個調整讓頻道的定位更明確，因此YouTube上需要這些大學升學相關資訊的觀眾，便會透過平臺演算法的推薦集中到我的頻道當中。

錯誤的受眾分析提問：「教授喜歡什麼樣的學習歷程？」

　　每一個教授基本上都可以視為一個單獨的分類，無法概括而論，因為教授們的訓練背景各不相同，會有自己的立場跟想法，而且一位教授腦袋中裝的專業知識含量，大多遠遠高於普通人，所以他們對事情的看法可能不只是一個觀點，更可能已經成為了一個體系，導致不同領域對於同一件事的看法可能天差地別，因此有些教授在發表特定觀點時，經常會強調：「這是我個人的立場，無法代表所有的大學教授！」這就是目前學習歷程檔案不容易進行受眾分析的原因；但以目前臺灣的升學體制下，審查同學的學習歷程檔案的工作，主要還是會落在教授的手中，因此針對這個問題，以下提供2個方向的建議：

① 有明確目標科系的學生：連結科系

　　大學端的系所網站都會清楚列出系上教授的專長、著作與研究成果，通常同一個科系的教授屬性也會較相近，因此只要我們能夠在學習歷程檔案中，提供與科系發展高度關聯或剛好與教授專長吻合的內容，通常會比較容易吸引教授去認真閱讀我們的檔案。

❷ 生涯未定向的學生：突顯能力

　　相較有明確目標的同學，多數學生還是採用所謂的「分數選科系」，在高中三年的學習歷程檔案製作上，大多人未必會針對科系需求做準備，因此會形成2個派別的作法：一是各種不同的活動都做，再從中挑選適用的檔案給特定科系（這也是讓許多人覺得製作學習歷程的負擔很大的原因之一）；另一種則是什麼都不做，等到考完學測後再來針對科系製作檔案，這樣就又與傳統的書審資料準備方式一樣了，雖然看似輕鬆，但實際上做出來的成果普遍不好。

　　針對生涯未定向的學生，筆者的建議是：每學期需要按時上傳檔案，內容上不需要與特定科系連結，盡量以呈現個人能力為主。例如：在一份小論文報告中，展現「資料搜集與分析」的能力，這種能力是任何科系都需要的，就算報告主題未必跟科系有直接的關聯，但教授也絕對能夠透過檔案中所呈現的資料來判斷該同學是否具備就讀該科系的基礎能力。

認識你的受眾，是為了降低溝通成本；
無法分類受眾，那就提高自身的價值！

17. 我知道「受眾分析」很重要，但我做不到怎麼辦？

18

「個人獨特性」與「科系相關性」的矛盾大對決

　　學習歷程檔案應該重點呈現「個人獨特性」還是「與科系的相關性」？大部分的官方說法，都希望同學可以盡量展現個人獨特性，但對於審查資料的大學端而言，看到同學高中時期參加的活動性質與科系屬性相關，通常比較能夠相信同學對於該科系的學習內容是有興趣、且可能具有潛力的；雙方所站的立場不同，就容易讓學生的學習歷程檔案，出現「個人獨特性」與「科系相關性」的矛盾大對決。

　　先來猜猜同學在寫書審資料中的「高中學習歷程反思（O）」時，應該就是選取自己認為較有優勢或特色的活動來發揮，接著在各項有利

審查資料中，就是將參與過的活動一個接著一個寫出來，而這時稍微有點概念的同學，就會盡量把這些活動經歷跟科系屬性做連結……但試想一下，會跟我們報名申請相同科系的同學，拿得出手的活動經歷，是不是很可能跟我們的經歷重疊性很高呢？

申請理工類科系的檔案可能都是各種科展競賽、語文類科系就是各類語言證明、社會心理學群的可能就是各種愛心服務活動，為什麼我會猜得到？因為大部分高中可以提供跟科系有關的活動，不外乎就是這些項目。為了表現自己「適合」某個科系，每個人提出來的活動經歷大概都差不多。每年看著同學提交的資料，類似科系的檔案重疊性真的很高。這樣的資料交出去，便很難展現我們的個人標籤，也非常容易被教授忽略。

這時候另外一派聲音可能就會出現：「同學的書審資料要展現特殊性！」要提出別人沒有的特色表現，那要申請物理系的同學在檔案上寫自己喜歡彈吉他，甚至有街頭藝人執照；或是申請機械系的同學告訴教授自己國文很好、很有文學素養⋯⋯OK！雖然這樣很特殊，但這些毫不相干的東西你敢放上去嗎？（甚至許多理工科系的學測都不看國文了）就算你敢，看過這份檔案的老師、家長應該也都會阻止你吧！這時候是不是陷入了兩難的情況：

➡ 我應該放跟科系有關的活動，來證明我適合念這個科系；但這些活動好像大家都有，如果我的名次又不如別人，好像就不夠亮眼。

➡ 如果我放一些我個人很有特色的經歷，但跟科系搭不上邊，這樣好像又怪怪的。

那應該怎麼辦呢？在解答這個問題之前，我想先跟同學說個小故事。

從設計變成社工

盈盈（化名）是我曾在網路上輔導過製作書審資料的學生，這位同學很認真，學測考完沒多久就把資料做完了。當時他想申請設計類的科系，我也一步步陪他把資料建置完畢；因

為他很早就確定目標是設計類的科系了，所以其實累積蠻多作品的，而其中有一個作品令我印象很深刻，就是他幫他的阿嬤做了一個小腿伸展板 ——— 因為阿嬤年紀大不方便彎腰，但是醫生又說阿嬤的腿部需要做拉伸，所以他就做了一個蠻有質感的伸展板，讓阿嬤可以在不用彎腰的情況下，進行小腿拉伸，於是這塊伸展板也變成整份書審資料的核心。然而後來學測放榜，盈盈的幾個重點科目成績沒達標，申請目標就從設計系變成了社工系。

哇！這下麻煩了，之前的資料都要大修。所幸盈盈很認真，馬上開始修改自己的每一份書審資料，一週後他把檔案修改完畢後給我看，我突然發現，提及那塊伸展板的檔案居然不見了！於是我問他：「怎麼不放伸展板了？」他回我說：「因為我覺得社工系應該要盡量展現同理心，那塊伸展版是一個設計的作品，我覺得不適合放進來，所以我的檔案大多是圍繞在社團與服務學習中如何與學弟妹以及學員的互動過程。」

我聽完馬上跟這位同學說：「你整份檔案什麼都可以捨棄，唯獨那個伸展板不能捨棄。因為那塊伸展版是你為了你阿嬤的需求，特別設計出來的一個復健工具，身為一位社工人員，就是要站在個案的角度幫個案找到資源、提供專業的協助，而你就是站在阿嬤的角度，做出這塊伸展版的。大部分要去申請社工系的人，都是放上各種服務學習、社團表現，絕對不會有人有這種『設計』作品，這塊伸展板就是屬於你最獨特的標籤。」我想聽到這邊，同學應該對這塊伸展板有很深刻的印象吧！我猜，當時看到的教授也會印象深刻。

學習歷程檔案要重視相關性還是獨特性？

　　筆者想藉由以上這個例子，向同學說明關於學習歷程檔案選材的兩難問題，我的答案是：「從獨特中找到相關性。」這不是兩者的中庸之道，而是我認為唯一的解法。

　　從獨特中找到相關性是有順序的，首先要找到獨特的經驗，因為這種經驗通常是你投入很多心力或是感受特別深刻的活動，再從中找到一個特殊的連結點，把這個特殊活動與科系做連結；而要做到這件事，就需要同學對科系有非常到位的了解。回到剛才伸展版的例子，社工系在大多人的印象中只是一個學習如何助人的科系，所以需要學生具備同理心、關懷能力……但如果我們對社工系的理解只有到這種程度，那就也只能夠寫出這麼表淺的連結而已；要知道，社會工作可以初步分為「政策」與「實作」兩個面向：政策面主要是透過制度來改善環境，而要設計出良好的制度，就需要有社會學的宏觀思維與政策分析、數據判斷等能力；而實作面除了要能夠有足夠的同理心及耐心去關心個案，還需要從微觀的角度去呈現專業的助人技巧──社工與志工最大的差別，就是在於是否具備助人的專業。所謂的專業，包括撰寫個案紀錄、提供資源協助個案解決困難等──當我稍微詳細一點敘述社工系的學習內容，同學是不是就能從中發現其實有很多能夠與學習經歷連結的著力點呢？假如我最喜歡歷史，我便可能比較擅長從資料中

分析制度的脈絡，並作出精準的摘要，那這樣的能力，在政策分析以及個案紀錄的撰寫上都可以完美連結。試問有多少個申請社工系的學生會在檔案中說自己喜歡讀歷史或介紹自己設計的作品呢？但這些獨特的切入點，卻是專屬我們可以展現的個人標籤。

深度了解科系，深度參與活動，
才能寫出與科系深度連結的檔案！

你一定聽過「演算法」這個名詞吧！你知道嗎？學習歷程也有所謂的「演算法」，只要你的檔案製作過程符合演算法，就會大幅度的提高曝光在教授眼前的機會！

為什麼演算法不能公開透明？

對於YouTube創作者來說，演算法扮演著關鍵角色，因為YouTube的演算法決定了影片如何在平臺上被推薦和顯示，這會直接影響到影片的曝光率、觀看次數、觀眾參與度以及創作者可能獲得的收入。YouTube的演算法會根據用戶的觀看歷史、互動行為（如點讚、留言和分享）以及觀看時長等因素，來推薦影片給用戶，因此了解YouTube演算法的運作模式對於創作者來說非常重要，這可以幫助他

們掌握並製作更容易被演算法推播的內容，從而提高影片在平臺上的可見度和受歡迎程度；例如：創作者可能會著重於提高觀看時長和觀眾互動，努力地拜託觀眾看完影片後，要按讚留言與分享，因為觀眾的這些動作會讓演算法更有可能推薦他們的影片給更多的用戶。此外，適應演算法的變化也是一個持續的過程，因為YouTube會定期更新其演算法，以改善用戶體驗並反映市場的變化，因此雖然演算法對各種平臺的創作者來說很重要，但我們無法找到「演算法」的標準答案，一來是如同上述平臺的演算法會不斷的改變，二來如果演算法被公開透明，為了讓內容可以被平臺推薦，那每位創作者都會想盡辦法去迎合演算法的需求去製作內容，那整個平臺就會充斥著相似度極高的影片。

111年起，教育部要求每一所大學校系，都要有一套「學習歷程檔案評量尺規」，這套尺規的目的就是要幫助大學教授審查學生學習歷程檔案時，有一個標準化的客觀依據，然而雖然各界不斷希望教育部能夠釋出各校系的評量尺規，希望讓學生製作學習歷程檔案時可以有一個依據，但是教育部與大學校

系皆有共識，一概不公布評量尺規的內容，最主要的原因是擔心造成所謂的升學亂象、軍備競賽；為什麼公開評量尺規會造成這種副作用呢？在此之前，我們先來看一個過去國中升學的狀況。

103年國中升高中的免試入學中，出現一個叫做「超額比序」的積分。這個超額比序積分，指的是只要學生達到某些指標就可以獲得積分，例如：完成規定的服務學習「時數」，就可以獲得服務學習積分、獲得幾支以上嘉獎就可以得到品德表現積分、縣市級比賽得獎得幾分、區域性比賽又得幾分……隨著這些評分指標公布後，當時全國的國中卯起來記嘉獎、舉辦各種奇怪的比賽，我甚至聽過摺紙飛機比賽、跳繩比賽，這些都還是檢定式的，就是紙飛機扔到特定距離、完成幾次跳繩就可以得到獎狀一張；如此一來，從103年到現在，筆者所服務的學校，沒有一位學生超額比序積分不是滿分，而且據我所知，幾乎所有的國中都是如此 —— 這就是評量尺規公告的結果，也就是我們所說的「升學亂象」。如果今天大學端一旦公布評量尺規，那這份尺規基本上就失效了，因為幾乎所有學生都會盡可能讓自己的積分達到滿分，另外也會衍生出城鄉差距的問題，弱勢學生接受多元學習刺激的機會相對較少，相關的學習經歷一定會比都會區孩子少，因此大學端不是不願意公布評量尺規，而是不能公布。

學習歷程檔案的演算法：評分指引

　　問題來了，既然不能公布評量尺規，那學生要依據什麼來製作學習歷程檔案，才會比較符合大學端的期待呢？這幾年各大學不斷地辦理工作坊，說明他們如何審查學習歷程，也開始釋出所謂的「學習歷程檔案評分指引」，告訴社會大眾大學端是依據什麼「原則」來評分。不得不說相關單位真的很努力，但即便如此，到現在大家還是很焦慮，為什麼？其中很重要的原因之一是每個教授的說法都不太一樣、不同科系想看的項目也不一樣，而且大學公告的「評分指引」都很抽象（例如要看學生的熱情、動機、態度），種種的不確定性造成大家的焦慮不減反增。

　　同學看到這裡有沒有發現，「評分指引」與「演算法」的概念其實非常相似呢？同樣都是為了迎合審查端的期待，但標準又不能說得太清楚，避免內容一致性太高；說得模糊抽象，大家又會各自解讀，造成社會焦慮。

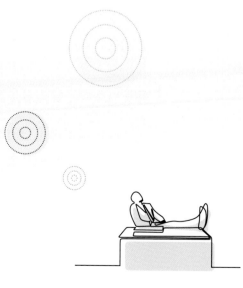

深度解讀評分指引

筆者的碩士論文就是以「學習歷程檔案評量尺規」為研究主題（我應該是全臺灣第一個研究這個主題的人。念研究所那年剛好遇到108課綱推行，當時還沒人研究這個主題，我個人又長時間觀察大學升學相關議題，才想說來研究我自己都很想知道的「學習歷程檔案評量尺規」），但因為各校系的評量尺規並不公開，只能透過「評分指引」的內容進行歸納，並且結合筆者多年的升學輔導經驗，以及深度訪談的資料進行驗證，最終發現各校系的評分指引其實具有高度的共通性。基本上可以分為2大類：「量化指標」與「質化指標」。

量化指標是就「有客觀分數、可直接看出高低差距」的項目去做比較、排序，例如：競賽成績、檢定、學業成績等。班級性比賽與縣市級比賽就一定有差異、前三名跟佳作就有區別、英檢中高級跟初級就有能力上的不同……這些客觀的檢核標準通常也是各大學校系十分看重、高機率會納入到評量尺規的項目。其中理工科系尤其看重相關領域的比賽成績，而語文科系則一定會看各種語言檢定。因此如果有時間，我們的學習歷程檔案最好要有這些基礎項目。

質化指標這部分就相對抽象很多了，但是質化指標無論對於什麼類群的科系都是相當重要的。而學習歷程檔案評分本身就帶著相當濃厚的主觀意識，因此我們一定要對質化指標有充分的理解，以下將常見的質化指標歸類出3大類：

❶ 資料分析能力

反映了學生是否能有效地搜集、整理並呈現資料，這不僅顯示了處理文本的能力，同時也是評估學生是否能夠適應大學學習的重要參考。這個項目涉及學生搜集資料的途徑、所閱讀資料的類型，無論是雜誌、報紙還是期刊論文，以及如何透過表格或邏輯論述來組織這些資料。理工科系可能傾向於數據表現，而社會科學系可能更重視論述報告，但這兩種能力對所有科系都同等重要。

❷ 文字表達能力

文字表達在學習歷程檔案的書寫中發揮著關鍵作用，從吸引教授注意的標題、簡介到呈現個人特質的活動經歷等，良好的文字表達能力能幫助教授快速了解學生的經歷並辨識其潛力，這不僅是作文技巧，更涉及文案能力。

❸ 校系關聯程度

透過審視學生參與的活動是否與校系相關，以及學生對該校系的理解程度來判斷並評估學生是否適合特定學系，學生對特定領域的熱情和了解的深入程度都可以從檔案中體現出來。

雖然我們無法得知每個校系的評量尺規內容，但我們可以透過一些共通性的評量指標，讓我們撰寫學習歷程時有所依據。當我們對評分指引理解得愈透徹，呈現出來的學習歷程檔案，就愈有機會曝光在教授面前。

顧客不是要吃最精緻的罐頭，
而是想品嚐一道美味的料理。

20

不重複只是你的自大，謙卑地重複才能留下印象！

已經寫過了，還要再寫嗎？

「這些內容已經在學習歷程反思中提過了，這裡還可以再寫一次嗎？會不會重複性太高？」這是許多學生在撰寫自己的書審資料時提出的共同疑問，同學經常會認為同一件事在其他地方寫過了，沒必要再提一次 —— 我的看法是：「你太自大了！」為什麼你會覺得自己寫過一次的內容，別人就一定會記住呢？筆者的頻道中，有超過100支關於學習歷程檔案的教學影片，其中有非常多的觀念都是重複的內容，但不管重複多少次，同樣的問題永遠有人會重複地問。

重複曝光的效果

在行銷理論中，「重複曝光」是指透過反覆呈現某個廣告或品牌資訊，從而增加消費者對品牌的認知度和購買意願的過程；這個概念基於「效果階梯理論」（Hierarchy of Effects Model），該理論表明消費者從初次認知到最終採取行動（購買）的過程中，需要經歷多個階段，而「重複曝光」可以加深消費者對品牌的記憶，從而在他們做購買決策時，增加選擇

該品牌的可能性。這也與「僅存效應」（Mere Exposure Effect）相關，指的是人們對自己熟悉的事物通常會更有好感，即使是僅僅因為企業透過「重複曝光」的手法強迫消費者熟悉他們的品牌，都可能增加商品被選擇的機會。

2014年的夏天，冰桶挑戰（Ice Bucket Challenge）在網路上爆紅，即是重複曝光效果的經典案例；這項活動最初的目的是為了提高大眾對漸凍症（ALS，又稱為肌萎縮性側索硬化症）的認知，並為相關基金會募集資金。參與者需要將一桶冰水倒在頭上，並在社交媒體上發布影片，然後串聯其他人在24小時內進行同樣的挑戰或捐款給漸凍人基金會。

《今日秀》（Today）的主持人Matt Lauer在2014年中於節目上首次提出冰桶挑戰，隨後高爾夫球手Chris Kennedy接受了挑戰，並點名了其丈夫為ALS患者的表妹Jeanette Senerchia。Jeanette接受挑戰後，點名了同樣患有ALS的洋基隊球員Patrick Quinn。Quinn隨後召集了他在網路上的親友

參與，而使冰桶挑戰迅速在全球傳播開來；隨著愈來愈多的人在社交媒體上分享他們接受挑戰的影片，這一活動迅速吸引了大眾的注意，名人、政治家、運動員和商業領袖等各界知名人士的參與，進一步擴大了活動的影響力和討論度 —— 人們不斷在各大社交平臺上看到親朋好友以及名人參與冰桶挑戰的影片，這種重複曝光，使得漸凍症這個話題和基金會的使命深入人心。

重複曝光的效果有多驚人？據報導，冰桶挑戰為全球的漸凍症基金會募集了超過2.2億美元的捐款。這些資金不僅提高了大眾對這種疾病的認識，而且也為研究提供了寶貴的資源，幫助科學家們在治療方法的研究上取得了進展。

重複曝光與廣告疲勞

重複曝光的效果雖然會帶來一些好處，但也可能造成另一種極端狀況 ——「廣告疲勞」。當人們反覆看到相同的廣告或內容時，可能會感到無聊或煩躁，這反而會對品牌形象和消費行為產生負面影響；為了避免這種情況，可以採取以下3種策略：

1 **多樣化內容和創意**

　　創建多種形式和主題的內容，從不同的角度描繪同一件事，使消費者在不同時間看到不同的訊息。

....

2 **分眾目標**

　　了解不同目標群體的需求，並根據他們的興趣和習慣，提供相應的客製化內容。

....

3 **利用敘事提供價值**

　　建立故事情節，讓消費者產生情感連結，並且提供有價值的資訊，鼓勵消費者參與。

學習歷程檔案的重複曝光應用

　　目前的學習歷程檔案提交制度中，規定每人最多可以提供15份資料給單一科系：包括3件課程學習成果、10件多元表現、多元表現綜整心得（N）與學習歷程自述（OPQ）各一份。這些資料中，很難有學生可以在這麼多件檔案中都呈現不同的活動，甚至很可能有許多檔案都是在講述同一個活動；例如：某位同學是籃球隊的隊長，這個經歷同時兼具社團與幹部

的經歷，而如果這個同學帶領籃球隊拿到全國冠軍，就有競賽表現的元素；再假設籃球隊又到偏鄉去教小朋友打籃球，那就又可以延伸到服務學習……但說到底，這些都是在籃球隊中不同面向的參與。

我們來看看以下這個例子，假設今天櫻木與流川兩位同學分別擔任籃球隊的隊長與副隊長，他們在學習歷程檔案中分別採用了不同的寫法：

櫻木同學用一份檔案，洋洋灑灑的花了10頁篇幅描寫他在籃球隊中的各種心得與經歷，包括他每天清晨起來練球、在籃球場上的拚搏精神、如何成為隊長並且拿下全國冠軍的過程……這份資料因為非常的全面，所以櫻木同學每一個科系都投遞這份學習歷程檔案。

而擁有同樣的經歷的流川同學採取了不同的呈現策略：他在社團活動部分只用2頁描述辛苦練球的過程、競賽活動則專注在呈現比賽的激烈戰況、服務學習部分著重在描繪自己與小孩子的教學與互動過程，最後再用一頁的內容講述自己如何輔佐隊長完成全國冠軍的奇幻旅程，並且根據科系的屬性，提供了不同的檔案。

雖然同樣都是籃球隊的活動，櫻木同學的資料可能會給人一種又臭又長的感覺，而且這份長達10頁的檔案只會出現在教授眼前一次，能不能夠看完都是一個問題；但流川同學就不同了，他的每一份檔案的頁數不多，內容精煉並能夠聚焦重點，讓讀者可以很輕鬆的閱讀完畢，不會感覺到負擔，而且雖然在不同份檔案中重複提及籃球隊經歷，但卻呈現出不同面向的特質與能力。如此一來，就算兩位同學的檔案同樣都是呈現10頁的內容，但是在教授眼中，流川同學的籃球隊經驗出現了4次，相比櫻木同學的1次，流川同學的檔案就親切多了 —— 這就是「重複曝光」帶來的差異性。

一見鍾情是電影，
　　日久生情是生活。

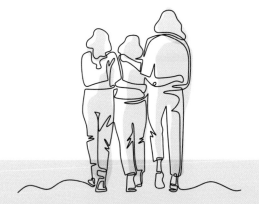

Chapter 03

Guideline：
YouTube 式內容引導與寫作指南

引言：學習歷程的評分介面

不用再問「教授怎麼看學習歷程？」了

自從108課綱推行以來，「教授怎麼看學習歷程檔案」一直是各方很關切的問題，為了消除這個疑問，許多單位邀請了不同的大學教授進行說明，但不管怎麼說明，就像先前提過的，這個問題一直無法得到解答，因為每個教授都講得不一樣，學生及家長聽完說明後反而更加焦慮。

因此對我來說，「教授怎麼看學習歷程？」這個問題基本上可以不用再問了，因為這不會有一個標準答案；而要想解決這個問題，就要把角度拉到與「讀者」同步 —— 什麼樣的內容是讀者想看的？讀者會在什麼樣的情境下看我們的學習歷程？如果我們可以找到一個類似的情境，就可以對教授審閱學習歷程檔案的實際狀況進行模擬了。為了找到這個模擬情境，在111年時（正好是108課綱進入高三升學考試的季節）我發了一份問卷，詢問大學教授對於學習歷程檔案「評分介面」的使用感受。

從「評分介面」進行內容管理

我們一般人基本上是看不到大學教授的評分介面的，但我認為這卻是非常重要的關鍵，因為這關乎到教授的評分感受與習慣；經過反覆的推敲與訪問，教授的評分介面大致上會有通過第一階段的學生檔案：點開A同學以後，會出現A同學的各項資料，教授可以依據自己的需求去點開想看的檔案，例如：想看同學的檢定證明，就會點開多元表現並從中找到檢定的欄位點擊，然後就可以看到A同學的檢定資料。注意！這個動作非常重要，這代表著教授想看一份資料，至少要點擊滑鼠1～3次，也就是說，假設一位同學提供10份檔案，教授在一位學生的檔案上，就至少要點擊10～30次的滑鼠 ─── 要知道，每一次的滑鼠點擊都是一種耗能。

你知道觀眾在YouTube平臺上看完一支影片後，平均會訂閱的比例有多少嗎？基本上不到10%；回想看看，我們訂閱一個YouTube頻道的歷程，通常是透過首頁的推薦，當我們看完影片覺得很滿意，接著就會用滑鼠點擊頻道創作者的頭像，去看看該頻道的其他影片，大概看了2、3支以後，覺得這個頻道的內容是自己未來會期待的，這時候才有可能會訂閱，並且開啟小鈴鐺 ─── 這每一次的點擊動作都像一個關卡，每一關都有觀眾不斷流失，於是到最後訂閱的比例就很低。

同樣的，對教授來說，點擊滑鼠這件事也是一種耗能。雖然教育部有設定教授的觀看進度條，規定每份檔案都得點開至少20秒，可以保證我們的檔案都會被教授點開，但如果我們的內容管理做得不好，流失的就是教授的耐心。

因此，在這個篇章中，我們會從「內容管理」的角度提供從個別檔案到整體學習歷程資料庫等不同面向的建議，讓同學可以從「讀者」的視角，建構自己的學習歷程檔案資料庫。

21 開頭直接給結論、不要浪費讀者的時間。

與其讓教授找重點，不如直接把重點放在教授眼前！

你一定有看過有些YouTube影片，會把最精彩的片段放在開頭，就算爆雷也沒關係。為什麼要這樣做？因為他們在幫觀眾「省時間」——開場直接給你本片重點內容，如果這是你感興趣的，你就會留下來觀看，如果這支影片內容不是你需要的，你可以馬上走人——這種貼心的舉動也其實非常適合運用在學習歷程檔案之中。

大學教授在審查同學的學習歷程檔案時，基本流程是點開A同學的資料庫，這時候會出現A同學的各項學習歷程檔案，教授會依照自己的需求去挑選優先想看的內容。而「剛點開一份新檔案」這個時間點，是教授注意力最高的時刻，因為人們開始一項新事物時會充滿期待感，但同時，如果在注意力最高的時候，看到了不符期待的內容，也很容易產生「又來了」的錨定效應。一般比較常見的情況是，同學會在學習歷程檔案的一開始，先進行「活動本身」的簡介，例如一份關於模擬聯合國的檔案，開頭通常會是：

這是一個由成員扮演不同國家代表的模擬會議，我們會搜集各國資料，在會議中發表對於特定議題的看法。這個活動讓我學習如何清楚表達自己的意見，並且聆聽他國想法，提升我的國際眼界。

對，沒錯，這就是我們常見的模擬聯合國的簡介。但就像我們先前說過的，現代人的注意力只有不到8秒，雖然有些人會認為讓教授先知道背景，對自己的評價會比較正確，但這個想法必須是建立在大學教授有「足夠的審查時間」的情況下，但在時間不夠、資料量龐大的情況下，一開始端出無關緊要的「活動簡介」，很容易浪費掉教授最有注意力的前8秒。

我們不應該讓教授在我們的學習歷程檔案中找重點，因為這是非常花費時間與精力的事 —— 開頭前8秒，應該讓教授注意到我們最有優勢的地方。因此檔案最一開頭的文本內容，我們必須精準端出整篇檔案的精華到教授的面前，來讓教授判斷「這篇學習歷程檔案是否值得投入時間去閱讀？」，而不是翻到第2頁以後，才發現這篇檔案跟本科系無關。

很多人會覺得47老師幫同學修改學習歷程的速度很快，但實際上，我最常做的動作，就是把同學的第一段刪掉，這樣其實就差不多改好一半了，因為同學的重點的常常都在第二段以後 —— 我們太習慣「鋪陳」了，或許是長年的學校作文訓練，讓我們習慣一開始都要先把來龍去脈說明清楚，再來告訴教授自己在這次活動中學習到什麼 —— 這樣的呈現節奏，對於忙碌的現代人來說是很不討喜的。

學習歷程檔案開頭不要放活動介紹，那應該呈現什麼呢？是參與動機？還是心得反思？都不是，我認為開頭就直接呈現「結論」是最有效率的！「結論式開頭」是幫助讀者省時間的貼心舉動，它可以幫助大學教授快速評估是否需要投入時間在這份檔案上。現在的學習歷程審查狀況是，大學端可能要在2週的時間內，審查500～2000筆的學習歷程檔案，這工作量非常之大，不管我們的學習歷程檔案多精彩，都很難保證教授一定會看完；因此我們便可以善用「結論式的開頭」幫助教授做初步的篩選，並在有限時間內，讓教授看到我們檔案的重點精華。

結論式開頭怎麼寫？

　　結論式開頭是一種寫作技巧，它將文章或報告的主要結論放在開頭部分，以便讀者能夠迅速了解核心內容。這種寫作方法在社群貼文、商業報告、甚至新聞報導中都非常常見；結論式開頭的目的是為了讓讀者在最短的時間內獲得最重要的資訊，這在時間寶貴或資訊量大的情況下尤其有用；以下提供3種結論式開頭方法給同學參考：

用結論幫讀者省時間，讀者會願意給你更多時間。

　21. 開頭直接給結論、不要浪費讀者的時間。

➊ 直接亮出底牌

　　開頭部分直接明確地陳述你的研究、分析或故事的主要結論。例如：假設你的研究發現了某種新技術的有效性，便可以在開頭就直言不諱地說：「本研究發現，新型太陽能面板比傳統型號高效30%。」

➋ 提供關鍵證據

　　如果我們的結論依賴於特定的數據或實證，開頭立即向讀者展示這些關鍵證據，來說明自己研究的結論是基於堅實的基礎，也會很有說服力，例如：「根據我們的研究，實施遠程工作後，參與公司的員工平均生產力提升了15%。透過分析過去一年的工作效率數據和員工滿意度調查，我們發現這種生產力的提升與更靈活的工作安排和減少的通勤時間有關。」

➌ 摘錄重點內容

　　結論式開頭應該清晰、簡潔，避免冗長的前置或過多的背景資訊，因此可以替讀者摘錄出文章的重點，來讓讀者快速進入狀況，例如：「高中期間，我籌劃了3場偏鄉服務營隊，總人次超過300人。其中最特別的，是這3場營隊主題是有系列性規劃的，分別從接納自己、信任他人、關懷社會這3個面向，提供偏鄉校園的孩子生命品格訓練。」

22
內文一定要寫故事嗎？

如果你是47雲端輔導室的忠實粉絲，應該會知道，筆者很鼓勵學生在學習歷程檔案中透過故事呈現自己的優勢特質。但學習歷程是不是一定要寫故事？本篇將用更全面的角度跟同學討論。

不想只是賺錢的電機系學生

我曾在網路上輔導過一個學生，我們先叫他阿酷。當時阿酷正準備申請電機系，他很猶豫要不要在自傳中列出參與競賽的比賽成績，因為他覺得成績不太好，認為這份比賽經驗並不能成為自己的優勢；後來經過討論，我發現阿酷對社會回饋這點很有想法 —— 他很期待可以透過科技的力量，對這個社會產生不一樣的價值 —— 甚至，阿酷已經和幾個志同道合的好朋友有了透過科技研發回饋社會的計畫，當時聽到阿酷的想法，我覺得很特別，便也鼓勵阿酷把這點當作個人標籤，作為自傳的主軸。

　　但是隔天阿酷又聯繫我，他很擔心的跟我說，學校老師強烈建議他不要這樣呈現，認為電機系就是要看比賽成績，不要囉囉唆唆寫一堆故事，這樣沒人要看；而且，老師還說認識阿酷想申請的科系的教授，因此強烈建議不要這樣寫。

　　面對這樣的情況，阿酷左右為難，不知道該怎麼辦；於是我就問阿酷：「你想怎麼做？」阿酷表示，他還是想用說故事的方式，因為如果要比比賽成績，他一定沒優勢，不如透過故事，好好陳述自己的想法。我就告訴他：「那就按照你想的去做，後果我們自己負責。」隔天阿酷就到學校跟老師說，他還是希望這樣呈現，最終結果我們會自己承擔。

條列式的籌劃活動經驗

　　小華（化名）是另一位我輔導過的學生，她想申請的是教育相關的科系。小華是一個行動力很強的學生，高中期間籌劃了超過20場大大小小的活動（你很難想像一個高中生，哪有這麼多時間可以籌劃這麼多活動），在輔導小華寫自傳時，我遇到了很大的難題，因為我問她哪一場活動是她印象最深刻的？但小華卻說：「每個活動都印象深刻！」而且她還可以滔滔不絕的講20分鐘以上，興致勃勃地描述她印象深刻的那些事件。

聽著她的分享，我逐漸被小華的熱情感染，我發現她是真心的喜歡籌劃各項活動；但自傳不能把每個故事都寫進去啊！怎麼辦呢？突然，我靈光一閃，問小華說：「我們改以量取勝如何？」小華用疑惑的眼神看著我，我便解釋到：「既然每個活動都這麼有故事，那就代表你的活動品質很高。通常一位高中生，要辦一場高品質的活動不太容易。但你有超過20場的活動經驗，列一個清單，並且把效益、成本、人數都呈現出來，這樣應該可以幫助你脫穎而出。」小華聽完後也表示認同，於是她就列了一張「活動大清單」。

最終，阿酷和小華都分別錄取了他們喜歡的校系！但我覺得是否錄取不重要，重要的是，這兩位學生都很有自己的想法，並且也願意為自己的選擇負責。

不少人會有誤解，認為理工科系的學習歷程檔案審查只看重重點、條列式的內容，而人文社會科系則希望學生多做故事性的描述；但在先前也提過，在筆者碩士論文的研究中，訪問過一位不喜歡看數據、表格，而希望學生完整論述的電機系教授，而另一位心理系的教授也說，他們其實很看重學生的數學能力。因此在學習歷程的呈現中，沒有任何一種「絕對正確」的格式，只有「獨特真實」的內容。

個別性檔案 vs 綜整性檔案

學生要繳交的資料中，我把這些檔案粗分為兩種類型；分別是每學期要上傳到學習歷程系統的「個別性檔案」，以及高三通過學測後，針對各校系提交的NOPQ，我稱之為「綜整性檔案」。

個別性檔案就是每學期學生上傳的「課程學習成果、多元表現」，這些檔案是針對特定活動留下的書面檔案，每份資料可以各自獨立；但綜整性檔案是需要在有限的篇幅內，提出概要式的說明，目的是要讓教授可以在最短時間內，大致了解你這個人的全貌，例如：多元表現綜整心得（N），就是要將我們勾選給大學看的每一件多元表現進行一個綜整性的說明，且有800字的限制（此指一般大學，科大並無限制）；而高中學習歷程反思（O）、就讀動機（P）、未來學習計畫及生涯規劃（Q）這3份內容，我們稱為「學習歷程自述」，科系可以依據需求，要求學生提供相應的項目。學習歷程自述的目的，是要讓教授認識我們，並針對我們是否具備適合就讀該科系的能力、特質去做全方位的評估。

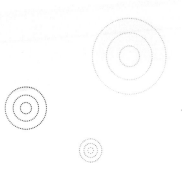

不適合寫故事的學習歷程檔案

　　故事，是一種寫作技巧，它可以讓讀者產生強烈的印象，而且故事很好上手，只要能夠找到活動中印象深刻的事件，學生通常就可以寫出很不錯的故事；但有沒有不適合故事型態的學習歷程檔案呢？我認為如果是學術意味很濃厚的小論文或者科展報告，就不太適合用故事來呈現，因為這種學術報告通常有「規定格式」——在學術界，格式是最基本的，就算內容再好、研究再有價值，只要格式不對，那就不能刊登——格式不只是引用文獻、字體大小，另外也包括行距、對齊以及有沒有錯別字等……這些小細節，不管在哪個別性檔案或綜整性檔案，都是需要特別注意的。

　　記得當初將碩士論文拿給指導教授批改時，本以為會得到很多稱讚（因為個人認為我的題目很特別，也蠻有研究價值的），但沒想到隔天卻收到各種格式上需要調整的反饋，教授甚至還幫我改錯字——教授的閱讀能力，遠遠超過我們的想像。我們常常聽說：「寫太多，教授不會看！」其實這句話是錯的，高中生的學習歷程檔案，對教授來說其實份量不多，教授不想看的原因，只是因為寫得不夠好！

故事可以感動人心，
格式可以看到你的用心。

NOTE

23
與其寫心得反思，不如寫個人觀點。

寫學習歷程檔案，似乎一定要有「心得反思」才算是一篇完整的內容（學生必須要在參加完活動後，寫出心得反思，才能證明在這場活動中有所學習或收穫），但我們知道學生參與的活動，有不少是學校例行性的活動，或者當時只是抱著好玩的心情參加，因此事後為了繳交學習歷程檔案，寫出來的反思內容，很多時候都是「心情」而不是「心得」。

心情與心得反思的主要差異在於深度和重點

① 心情

心情通常指的是對某件事情的即時反應或感覺，這種感受可能是簡單的喜悅、悲傷、興奮或失望。心情的表達著重於描述自己在某一刻的感受狀態，通常不涉及深入的思考或分析，例如：參加一場音樂會後，你可能會說「我覺得很開心」或「這場音樂會讓我有點失望」，這些都是心情的表達。

在學習歷程檔案中，學生被鼓勵寫下「心得反思」，而不僅僅是心情，是因為心得反思能展現學生對經驗的深入思考和從中得到的收穫；透過心得反思，教授可以更好地了解學生的學習過程、思考方式和個人成長；此外，心得反思也有助於學生進行自我反省，使其更加深入地理解和消化自己的經驗，進而得到自身的成長。

② 心得反思

相比之下，心得反思則要深入許多，它不僅僅是對事件的感受，更包含對事件的深思熟慮和分析，像是對經驗的整體評估、從中學到的教訓、以及這些經驗如何影響個人的思考和未來的行為等。例如：參加完同一場音樂會的心得反思可能會是：「這場音樂會讓我意識到古典音樂的美妙，我了解到音樂可以是如此多層次的體驗，這激發了我對音樂的興趣，並計畫未來深入學習」。

資訊，沒有價值；觀點，讓人跟隨！

　　YouTube平臺上，有非常多類型的頻道，各自提供不同的內容、吸引不同的觀眾。在這麼多的類型中，我們可以粗分為兩種內容：一種是純粹提供資訊，另一種是資訊加上個人觀點；前者純粹提供資訊的，我通常把它稱為「工具人頻道」，觀眾有需要時才會來，需求解決後就被拋在腦後 —— 現在資訊取得太容易了，同樣的問題，網路上可能同時有成千上萬的人在進行教學，在這個資訊氾濫的時代，純粹提供資訊的頻道便很容易變得沒有價值 —— 而另一種頻道，除了提供資訊外還會加上個人觀點，觀眾從這個頻道不只能夠得到需要的資訊，也能從創作者對這些資訊的看法與見解，得到額外的意見參考，對創作者而言，觀眾也能透過影片了解自己的想法，而長期下來建立起的信任感甚至可能會讓觀眾產生想要跟隨的想法。

快速表達個人觀點的寫作框架度和重點

　　筆者認為，對高中生來說，每一場活動都要有心得反思是不容易的，因為要對一件事有深入的思考，需要花費大量的心力；比起針對事件提出具有批判性思考的心得反思，提出個人觀點更容易。以下將會提供一個簡單的書寫框架，讓同學可以快速地表達出自己的個人觀點，這個框架就是 —— 議題探討、案例提供、三種方法。

① 議題探討

　　教授透過學習歷程檔案選才時，並非只想要找最優秀的學生，更希望找到有想法的學生。而想要了解學生的想法，最簡單的方式就是看學生透過這些事件、活動，表達出什麼樣的觀點，即便這個活動本身並不一定真的有什麼樣的價值，但是只要能夠從中呈現出個人觀點，那這個屬於我們自己的見解就會讓原來平凡的經驗變得不一樣。例如當衛生股長的經驗 ——— 這個夠難寫學習歷程吧！（我就從來沒看過學生寫擔任衛生股長的心得反思）衛生股長不就是監督大家打掃，慘一點就是自己打掃撿回收 ——— 能有什麼個人觀點嗎？當然可以，比如我們可以寫「從擔任衛生股長的經驗學習專案管理」。看到這個題目，有沒有覺得瞬間就高級起來了呢？而且「衛生股長」跟「專案管理」到底能有什麼關係？也太令人好奇了吧！教授的注意力馬上就被抓住了，這時候，我們就在第一部分寫出認為衛生股長跟專案管理的關係，把想法跟準備探討的議題寫出來……基本上到這邊，這份檔案在教授腦中應該已經留下深刻的印象了，絕對是一份高分起跳的檔案。

❷ 案例提供

透過案例好好說明第一步驟中要探討的議題，讓讀者清楚我們想表達的內容；這邊要注意的是，內容主軸必須以「自己」為中心，絕對不要把敘述重點放在活動上。沿用前述衛生股長的例子，筆者強烈建議這時候要運用有效的說故事結構，因為故事可以把自己當時擔任衛生股長的情境，具體且3D立體化地刻在教授的腦海中。例如：

> 「當時我被推選為衛生股長時，老師就賦予我必須要讓班上拿到全年級衛生優良獎的任務，因此我評估了一下，發現班上的垃圾分類做得很差，很多垃圾都亂丟，大家都分不清楚哪些要回收、哪些不能回收，常常都是一個垃圾桶多到滿出來，另外2個回收桶卻裝不到三分之一；於是，我決定找幾個人組成一個回收宣導小組，等到班上學會垃圾分類後，這個小組就可以解散……」透過這樣的敘述就讓人很清楚知道這位同學在擔任衛生股長時，是如何透過組成回收宣導小組去推動班級進行資源回收，藉此來學習「專案管理」，透過故事，讓教授超越時空與我們過去的情境同步，是一種很有效的呈現方法。

❸ 三種方法

最後這個步驟，是我們的檔案含金量最高的部分。我們要把如何探討這個議題，或者解決這個議題的所有方法，歸納成3點，例如：

23. 與其寫心得反思，不如寫個人觀點。

要籌劃這個回收宣導小組不太容易，因為大家都很忙。為了有效招募，我特別用了3種策略來吸引人加入，分別是：

1. **獎勵制度**：參加宣導小組可以不用打掃。
2. **賦予權力**：宣導小組成員可以指派打掃區域負責人員。
3. **限量報名**：只提供3個參加名額。

看到這裡有沒有覺得這個衛生股長比班長還厲害？這個方法的關鍵在於一定要是「3點」，人很奇怪，只要將資訊歸納成3點，看起來就會很有說服力 ── 2點太少，4點以上就太多 ── 不管是要歸納成3個方法、3個策略、3個模型都可以，一定要記住3這個魔幻數字。

⋯⋯⋯⋯⋯⋯⋯⋯⋯⋯⋯⋯⋯⋯⋯⋯⋯⋯⋯⋯⋯⋯⋯⋯⋯⋯⋯⋯⋯⋯⋯

筆者曾到一個大學營隊擔任講師，我的任務是幫助參加營隊的學員寫出一份學習歷程檔案，而最終現場的20位同學中，有18位同學的檔案都從第一天寫到最後一天 ── 這就叫流水帳。這樣的內容沒有組織性，更不具有可看性，而且因為是同樣的經歷，同學們的所寫的內容都大同小異，更別說提出什麼獨特的個人觀點了；因此「歸納」與「總結」，是我們在學習歷程檔案中，必須要學會的功夫，我們要訓練自己訊息整合的能力。

> 沒有程度的心得很難獲得認同，
> 擁有深度的觀點比較容易提供。

24 沒有「最好」的標題，只有「最適合」的標題！

長標題與短標題的點擊率差異

猜猜看，5個字的標題、10個字的標題、20個字的標題，哪一種長度標題的網路文章比較多人看？

大部分的人都會猜5個字的標題，但實際上，20個字的標題其實才是點擊率最高的 —— 原因很簡單，只是因為現代人「沒空看內容」。隨著網路資訊量的爆增，現代人愈來愈傾向於快速掃視內容，這使得標題的作用變得非常重要 —— 回想看看自己使用網路的習慣，很多網路文章我們是不是只看完標題就按讚／倒讚了？甚至產生所謂的鄉民用語：「趕快按讚，免得人家發現我看不懂。」 —— 在網路時代，一個具有足夠資訊量且能精準傳遞內容的長標題，可能會更加吸引人，因為這樣的標題通常提供了足夠的細節，讓讀者在不深入閱讀全文的情況下就能大致了解主要內容，這種標題對於忙碌的現代人來說是非常方便的。

然而，這並不代表著長標題比短標題有效，一個標題的好壞與「標題跟內容的相關性」以及「如何吸引特定受眾群體」比較相

關，比如：一個過長且無聊的標題可能會導致讀者失去興趣；反過來說，一個精心設計的短標題也可能非常有效——特別是如果它能夠迅速吸引讀者的注意，並激發他們的好奇心——因此，一個好的標題必須能夠準確地反映文章的主題，以吸引目標讀者。

好標題的基本公式：時間＋對象＋亮點時刻

教授在審查學生的學習歷程檔案時，經常面臨時間不夠的問題，因此一個有效的標題，可以讓教授多分一些注意力給這篇檔案。這裡我們要提到一種寫作技巧，叫作「訊息前置」，這是在寫作和語言表達中常見的一種溝通策略，這種策略是在句子或段落的開頭，直接提供最重要的訊息，然後再提供其他支持性的細節或背景資訊，這個方式可以確保即使讀者只注意到開頭部分，也能獲得關鍵的訊息，尤其適用於預期讀者可能不會完整閱讀全文的場合，如快節奏的社交媒體或繁忙的工作環境；例如：「志工服務經驗」，這種標題讀者只能了解這可能是一個志工服務的活動，但卻無法透過標題掌握到其他訊息，如果我們把標題優化一下，改成「6週的長照中心志工服務經驗」，這時候訊息含量就變多了——包括「6個禮拜」（讀者可以得知這算是一個長期的活動）、對象是「長照患者」——如果對這個議

題有興趣的教授，就比較有機會點開檔案看看我們的服務經驗。一般來說，學習歷程系統的標題區可以填寫20個字，這個字數，完全足夠讓同學提供完整且有效的訊息。

曾經一位學生這樣下標題：「6週的長照中心志工，第一天就被患者甩巴掌！」這是一個真實事件，這位學生到失智症患者中心服務，第一天很興奮地去跟長輩打招呼，本想用熱情感染他們，但沒想到一位長輩看到他靠近，一巴掌就下去了，左臉紅通通的掌印讓他差點放棄這次的服務學習。這種「時間＋對象＋亮點時刻」的標題公式，可以有效傳遞資訊，而要找到亮點時刻不難，就是把整個活動中最精彩的片段寫進標題，自然就可以達到「訊息前置」的功能。

標題雖然是吸引讀者點閱的手段，但同學在下標時，還是要注意避免使用過度負面或誇張的字句，因為我們是在寫學習歷程檔案，如果我們用標題提供錯誤訊息，反而很容易讓我們的讀者（教授）產生先入為主的負面形象；例如：「5億人都驚呆了！」這種標題雖然聳動，但不具備科學證據，我們俗稱「標題黨」，這種騙點閱率的標題手段對同學來說並不是個好選擇。

標題的 3 種等級

不得不承認，筆者在經營YouTube頻道時，發現標題對影片點閱率的影響確實是大於內容的 —— 只要標題稍微用心一點，通常就能創造出很好的點閱效果；因此以下是我整理出來，適合高中生使用於學習歷程檔案中的標題類型：

① 三級標題：「亮出底牌」的標題

直接表明意圖，「快、狠、準」地與感興趣的讀者直球對決。例如：「APCS檢定4級」或「TOEIC金色證書」這樣的標題，即是向對於程式設計和英語能力有興趣的科系發出我們的技能信號。

② 二級標題：能夠激發好奇心的標題

使用標題讓讀者產生「真的嗎？」或「你是怎麼做到的？」的好奇心，這是一種製造懸疑的敘事風格，目的是讓讀者在看完標題後，產生與標題對話的慾望；例如：「了解一種物理原理後提升了我一年的棒球實力」 —— 物理原理跟棒球有什麼關係？這種方式能夠引起人們的好奇心，讓讀者群體自然與我們所提供的內容產生聯繫。

③ 一級標題：創造話題的標題

這種標題需要挑戰讀者的認知，像是：「長期玩線上遊戲使我的成績進入學校前20%」，按照一般的理解，玩遊戲應該會造成成績下滑，但這樣的「反認知」標題，創造了一種衝擊感，促使讀者進一步探究我們的主張。

以上這3種標題沒有所謂的好壞，只有適合與否，要讓標題能夠確實發揮效用需要精準反應內容，同學可以多加練習；以下也提供2種提高點擊率的技巧，同學有機會可以交互運用：

技巧 1：懸念式元素

使用一個陳述句加上一個關鍵字來創建懸念，比如：使用「永遠」、「只有」或「保證」這樣極端或對比的詞語可以增加對讀者的吸引力，以筆者頻道上的一支影片標題「認真就輸了！高一學習歷程『亂做』就對了！」為例解析看看：

這個標題是一個敘述句
主題：學習歷程
時間點：高一
極端詞語：認真就輸了
反差的部份：要大家「亂做」學習歷程

但需要注意的是，這種標題需要有完整的個人論點來說服觀眾，不然很容易造成反效果；比如上述這支影片所指的「亂做」是想告訴高一的學生可以多方嘗試，並用練習的態度多做紀錄，不需要太在意學習歷程檔

案的品質，以蒐集素材為目的；也就是說，我們的論點必須要能讓看似誇張的標題具有合理性、要能說服觀眾，這就是「懸念式標題」與「標題黨」的不同之處。

技巧 2：具體化的敘述

我們可以透過數據或具體事實來增加標題的深度，假設今天的標題是「高中生的賣車經驗」，大致上讀者的理解就是這是一名高中生，他嘗試過賣車，但如果加上具體化的描述，例如：「花一天時間建立網頁，每月提高銷售20臺車」，立刻讓人想像出這位學生設立了一個網頁，透過這個網頁提高了銷售量，並且有明確的數據支持，便立即增加了標題的深度。

想提升點閱率，
標題設計的投資報酬率最高。

25 學術性檔案、活動性檔案，兩者摘要寫法差很大。

在什麼樣的情況下，我們的學習歷程需要提供摘要？每一份檔案都需要嗎？本篇章將會針對不同的情況告訴你如何寫出適合的摘要。

學術性檔案與活動性檔案

同學每學期上傳的學習歷程檔案，筆者會把它分類為「學術性檔案」、「活動性檔案」兩種類型。

1 學術性檔案

是必須遵守論文格式的檔案，例如：小論文、競賽、科展等類的的學術性報告；這類的報告，都已經有所謂的既定格式，且都需要提供「摘要」，因此如果你上傳的是學術性研究的檔案，就按照規定格式提供摘要即可。

② 活動性檔案

　　同學不需要按照特定格式，可以自由發揮的學習歷程檔案，例如：讀書報告、社團成果展等；這些沒有固定格式的學習歷程，並非每一份檔案都需要提供摘要，比如一份只有2頁的檔案，就沒有必要特別提供摘要。而依照一般大學教授平時可能需要閱讀各種論文資料的習慣，短短5頁的內容，筆者評估教授應該很輕易就可以讀完，因此建議同學，如果一份學習歷程檔案超過5頁，再放上摘要比較有意義。

學術性檔案的摘要寫法

　　摘要，提供的是一種「鳥瞰」的視角，要讓讀者透過一頁的摘要，就能大致明白我們整份研究報告的全貌。學術性檔案的摘要撰寫，就像是在繪製一幅藝術畫作的草圖，我們需要清晰地描繪出研究的輪廓，同時保留足夠的細節讓人能夠理解畫面的全貌。以下列點說明學術性檔案的摘要寫法：

❶ 開篇明義

首先要清楚介紹我們的研究主題和背景，就像是在告訴觀眾我們的畫作想要表達什麼。

....

❷ 方法論述

接著概述我們的研究方法，這就像是在解釋我們選擇了哪些顏料和畫筆來創作這幅畫。

....

❸ 主要發現

明確闡述我們的研究結果，就像是描繪出畫作中最吸引人的部分。

....

❹ 結論精煉

最後，簡要討論研究的意義和影響，這就像是在畫作下方留下我們的簽名，表明這是自己的作品。

....

25. 學術性檔案、活動性檔案，兩者摘要寫法差很大。

活動性檔案摘要的目的

　　一般參與一個活動，要寫出5頁的學習歷程其實不太容易，除非是非常有收穫，或者有提供大量附件；至於多元表現子項目當中，筆者認為「高中自主學習計畫與成果」比較有可能超過5頁，因此就比較有寫摘要的必要（當然，如果你把參加學術比賽的檔案放在多元表現，就可以不用特別修正，直接把有摘要的完整檔案上傳就可以，這裡我們主要是討論沒有格式限制的多元表現）。

　　有關於摘要的寫法，我們大部分看到的都是學術性檔案的摘要架構：「主題與動機、研究問題或研究目的、成果與結論」，如果我們把這種學術性檔案的摘要架構拿來套進活動性檔案的摘要，情境是「吉他社的成果發表」，內容大概會變成這樣：

　　　「高一時因為對吉他很感興趣，於是參加了吉他社，我花了3個月的時間，每天花20分鐘練習20個和弦，練到手指都抽筋、長繭，讓自己從零基礎的新手，到後來可以看著樂譜彈奏歌曲，並在期末的成果公演時能夠在舞臺上獨立完成表演。這次的經驗讓我學習到，只要堅持，就能完成自己的目標。」

我們嘗試拆解一下這篇摘要：

1.**主題跟動機**：喜歡吉他，所以參加了吉他社。
2.**研究問題或研究目的**：零基礎到看譜彈奏歌曲，每天20分鐘練習20個和弦。
3.**成果與結論**：上臺公演；堅持就可以達成目標的心得。

如果按照學術性檔案的摘要寫法，去書寫活動性檔案的摘要，基本上教授就不需要特別再去點進去看檔案了，因為摘要已經說明得很清楚了，而吉他社成果發表這件事，對教授來說，也是一個不需要特別花時間去看的檔案。

因此，我認為活動性檔案的摘要，要像YouTube影片的縮圖一樣，讓人看一眼就知道這支影片在說什麼，並且還要有激發觀眾好奇心的作用，讓觀眾願意把它看完。有別於學術性檔案，為什麼「活動性檔案」特別需要引導教授把檔案看完呢？因為學術報告中的知識，教授比你還懂，基本上只要看完摘要就可以知道學生的程度；但是活動性檔案不同，它是在我們參加完活動之後的紀錄，當中可以看出我們的學習、成長、改變，是讓教授充分認識我們的好機會，因此引起教授的閱讀動機是非常重要的。

25. 學術性檔案、活動性檔案，兩者摘要寫法差很大。

活動性檔案的摘要寫法

綜上所述，只要活動性檔案超過5頁，就建議同學依據篇幅提供300～1500字不等、適當長度的摘要（不要超過一頁），而在寫法上以下提供一個簡單框架，同學可以再自行延伸：

1.為讀者找問題
2.著重在一個特定重點
3.提供讀者一個期待

情境是，如果我參加吉他社，未來想走醫療相關科系，根據這個框架，我們可以這樣寫摘要：

「我家的貓咪很喜歡聽我彈吉他，我會發現這點，是我高一參加吉他社後，當我回家練習彈吉他時，我家貓咪都會坐在旁邊聽我練習。有一次我在換吉他弦時，貓咪顯得異常興奮，好像是他對搖晃的琴弦特別有反應，大概以為那是逗貓棒吧！那一天，我沒有練習彈吉他，而是用琴弦當成逗貓棒陪他玩了20分鐘。我想不管是誰，都需要陪伴，有的人喜歡安靜的陪伴、有的則像我家的貓需要花時間陪玩，「以別人的需求為出發點」，是我在那個下午的意外收穫。參加吉他社，可以學會同理心，這是我從未想過的；另外還有3次因為學吉他而培養同理心的事件，我都寫在這份社團的多元表現之中。歡迎你可以花1分鐘看一下，我因為學吉他學到同理心的過程。」

我們來拆解這段内容：

1.**為讀者找問題**：貓咪喜歡聽人彈吉他嗎？
2.**著重在一個特定重點**：那天下午用吉他弦陪貓玩學會同理心的過程。
3.**提供讀者一個期待**：檔案中還有其他3次因為學習吉他，培養同理心的事件。

　　這裡最後加了點小心機，告訴讀者不用花1分鐘的時間就可以看完，這樣會降低讀者的心理負擔，讓讀者覺得時間成本不高，應該可以點進去看看。而回到這篇範例，這裡的重點是「同理心」的培養，不僅是醫療科系，對於任何科系來說，具備同理心都是重要的特質，因此這就變成一份很萬用的檔案。透過一個故事展現自己的同理心，應該會比告訴讀者：「我很有同理心」，還要容易讓人相信吧！比起努力練習彈吉他完成公演，以貓咪為媒介，告訴教授自己在學吉他的同時還學到同理心，這樣的内容更容易讓人多看兩眼。

> 學術性檔案摘要就像十分鐘電影解說，
> 活動性檔案摘要更像韓劇的最後預告。

25. 學術性檔案、活動性檔案，兩者摘要寫法差很大。

26
百字簡介就是學習歷程檔案的預告片

百字簡介是什麼？

在YouTube平臺上，每個影片下方都有一段描述，這段描述的目的是簡要介紹影片內容，吸引觀眾觀看並提供基本資訊，它可以幫助觀眾在瀏覽時快速判斷該影片是否符合他們的興趣或需求；同理，百字簡介也是為了在有限的字數內凝鍊地展示學習歷程的精髓，使讀者能迅速了解檔案的主要內容和特點，進而決定是否深入閱讀。

高中生每學期要上傳的學習歷程檔案，有課程學習成果與多元表現兩種類型。在上傳的平臺內，需要針對每一份學習歷程內容寫出一份100字的簡介，讓讀者快速了解這份檔案的內容，就像是YouTube影片描述的功能，目的在概述和吸引目標受眾。

在教授的評分介面中，會先看到每一份學習歷程檔案的標題與百字簡介。教授很可能會依據這2個項目，來決定是否要花時間閱讀同學的檔案；其中百字簡介的重要性很可能大過標題，因為它可以簡單描述檔案內容，讓讀者有更完整的訊息來判斷內容的可讀性，因此大家都知道百字簡介很重要，一定要好好寫。但百字簡介究竟應該要怎麼寫呢？筆者查過網路上很多資料：有的說要在百字簡介中

說明這門課的內容、要寫自己在這個過程中的收穫，甚至說一定要寫上反思……這些建議其實都不是很具體。

你知道100字是什麼概念嗎？A4大小，12字級，不到3行。要以這個篇幅寫出上述3點，那大概會變成這樣：「這是一門投資理財的多元選修課程，課堂中我學到了臺股與美股的差異、日線月線的意義、不同型態的K棒、上市上櫃的概念以及模擬操盤。上完這門課，我了解到賺錢不容易，一定要學會理財，才能創造財富自由。」滿滿100個字，完全符合上述3個要求，內容上也是寫得不錯的。但問題來了，看完這個簡介你有產生「想要看下去」的想法嗎？我猜大多人應該是沒什麼興趣的，為什麼呢？因為這樣的內容與讀者無關。這樣的寫法雖然完整的寫出這門課程教授了哪些知識，但都只是帶過而已，與閱讀者沒有連結，而且這樣的內容，除了展示這個老師很會備課，其實也跟學生沒有太大關係。

百字簡介的 Bug

「百字簡介」是108課綱的新東西，過去從來沒有這個名詞。而百字簡介是要寫在教育部設置的學習歷程系統平臺之中，因為上傳平臺後是不能修改的，所以當下寫完就完全定型了；但如果我們是用舊制PDF還需要寫百字簡介嗎？答案是不用。你一定有聽過「百字簡介很重要，會影響教授會不會點進去看」的說法，所以這裡其實有一個非常矛盾的地方：如果你用PDF就沒有百字簡介了，因為沒有這個欄位可以填寫 ——— 你不覺得這樣不太合理嗎？同樣都是學習歷程檔案，一個要寫，一個不用寫 ——— 在這種Bug下，我個人不覺得百字簡介會影響分數；相反的，我會把它歸類成標題的延伸，畢竟每個檔案的標題也只能寫20個字，要下一個吸引人閱讀的文案標題其實

是非常困難的，所以我會把百字簡介當作教育部的體貼，讓學生可以延伸標題，去補充20個字沒能傳達出來的資訊。

百字簡介就是學習歷程檔案的預告片

電影的預告片為什麼這麼精彩？因為預告是將整部電影中最精彩的部分剪輯出來，但是不會告訴觀眾中間的過程 —— 如果想知道過程，請進電影院觀看 —— 也就是說，如何透過短短100字的「預告片」，吸引教授目光，就是我們最重要的目的，因此百字簡介考驗的是我們的「文案」能力，而非「作文」能力。什麼是文案？「對他人宣傳特定內容的文字」就是文案；我們要用百字簡介向教授宣傳自己的作品，目的是要讓教授點開來看，因此我們必須要去思考教授期待在這百字簡介中看到什麼？有多少時間看簡介？哪些內容會比較吸引教授的目光？換句話說，你需要在這百字簡介中，行銷自己的學習歷程檔案。

首先，我們來想想教授會花多少時間看百字簡介。我估算了一下，大概是10秒以內 —— 你可以試著默數一下，10秒其實很久！實際上，看百字簡介可能根本不需要這麼久 —— 接著我們可以進一步思考，如果只有10秒，讀者（教授）會希望得到什麼樣的訊息？我認為「直接具體、與讀者有關」，才能吸引點閱。

百字簡介的寫作框架:「聚焦＋劇情預告＋引流」

要做到「直接具體、與讀者有關」,我們可以使用「聚焦＋劇情預告＋引流」這個框架來寫;以下我們把剛剛投資理財課程的例子,換個方式書寫:

這是一門股票投資課。課程中有安排模擬操盤,在90天的模擬操盤中,我摸索出一套模式,曾讓我獲利高達22%,但最後結算時卻發現我居然虧損9%,原來是錯判停利時間,於是我把過程寫成一份報表,可以作為下次操盤的參考。

別因為不良的預告,
降低觀眾的期待值。

1.**聚焦**:課程內容很多,但主打模擬操盤,
營造獨特亮點與掌握個人標籤。

2.**劇情預告**:引發讀者好奇心最好的方法,就
是有高潮迭起的故事劇情;比如
文中說他發現了一個獲利模式,最
高能夠獲利22%,最後卻虧損9%。

3.**引流**:不僅有高潮迭起的故事,還有一個自己發現的獲
利模式,並且寫成一份完整的報表,讓人產生想要了
解這份檔案細節的想法,引導人去點開檔案。

47 雲端輔導室｜這百字簡介,我忍不住了!讓我看看 ...｜Youtuber 教你 3 個
文案訣竅 https://youtu.be/Z7U2nRHQ_UU?si=CwogbvKmkNaw2dM_

27 選題是為了讓學習歷程更「好寫」

選題，是指決定學習歷程檔案的寫作方向——一個好的選題，很有可能影響讀者的閱讀意願。人們在選擇的過程中，對於自己熟悉的事物會更有信賴與安全感；從認知心理學的角度來看，選擇熟悉的事物可以降低我們處理新資訊時的認知負擔，面對新奇或複雜的選擇時，我們的大腦需要投入更多的精力來分析和理解，而選擇熟悉的事物則可以省去這些步驟。

然而，好的選題雖然可以吸引觀眾點閱，但不一定保證能獲得觀眾喜歡，這就像在歌唱比賽中，選唱當紅歌曲雖然比較容易吸引評審注意，但如果這首歌不適合自己，依然無法得到高分。因此選題不只是為了讓觀眾喜歡，更是為了找到讓自己「好寫」的檔案。

「主題」跟「標題」不一樣

　　許多同學會直接把主題當作標題來用；例如：班聯會、日文檢定、某某偏鄉國小服務……等，這些都算是主題，如果把主題當作標題使用，效果通常不太具有吸引力。在前面的篇章中，我們已經教過你如何下一個精彩的標題，在這裡，我們要討論的則是學習歷程檔案的寫作方向。如果我們能選到一個適合自己的主題，通常內容的完成度也會比較高、寫起來比較得心應手，相對而言，教授完看檔案的機率也會比較高。

　　在主題選定上，筆者將其分成「學術性檔案」與「活動性檔案」兩大部分：

❶ 學術性檔案的選題：「精準對象＋特定環境＋行為表現」

　　學術性檔案可能遍佈在小論文、科展報告等專題學術類的學習歷程檔案中，屬於含金量比較高的檔案，可以展現學生學術研究水準，但如果要拿這種檔案給教授評分，就要有被高標準看待的心理準備，因為教授最厲害就是看論文，大概一眼就可以找到檔案中諸多的錯誤（可能是格式錯誤、引用文獻方法錯誤等等），寫得好分數就有可能很高，但如果錯誤一堆分數就可能偏低；是屬於區分度很高的檔案。

　　呈現專題研究的學習歷程檔案，在主題選定上要盡可能精準，會比較容易掌握，比如說有同學可能想要以「網路成癮」作為探究報告的主題，可能會將題目定為「青少年網路成癮的初探」，這樣的主題雖然看起來很學術，但其實很難做出高品質的專題報告，因為研究的目標對象族群太過龐大；青

少年指的是國中生？高中生？還是國小五、六年級的學生？要研究網路成癮的行為包含了哪些？線上遊戲？看劇？玩社群網站？範圍涵蓋太廣，如果要做成問卷，非常難以聚焦；既然無法聚焦對象與問題類型，這樣的初探報告就容易變成概括式介紹網路成癮，那寫出來的內容，大概去維基百科就查得到了。

因此，主題的選定需要高度聚焦，才比較容易寫出具有品質的學術檔案。在主題的選定上，這裡提供一個簡單的框架幫助同學制定有效的主題：「精準對象＋特定環境＋行為表現」。我們拿網路成癮這個主題為例：

1. **精準對象**：將目標對象精準鎖定國中男生（甚至將範圍縮小到國二男生都可以）。

2. **特定環境**：我們選擇線上遊戲的一種行為。但因為線上遊戲有許多種類，有操作型、策略型、益智型、RPG等等，「線上遊戲」這個範圍就需要再更精準定位，限縮在某一類特定遊戲，比如我們選定連線對戰的操作型競技手遊 —— 當範圍愈小、關鍵字愈精確，我們在製作檔案時搜尋的文獻資料也會更加符合自己的需求。

2. **行為表現**：精準對象在特定環境中表現出來的某一種行為，就是我們要研究的議題，比如可以在與線上遊戲具有因果關係的交友模式、成績影響、身體健康等主題中，選定一種行為表現當作我們的研究議題。

→那主題可能會變成「國二男生在連線對戰的操作型手遊中的交友模式初探」，這種內容在維基百科上就查不到了。

選定主題後，我們便可以很精準地去針對國中男生進行研究，了解他們在線上遊戲中的交友模式；如果想發問卷可以針對國中男生，問卷題目也可以更精準地為國中男生設計，當我們的能夠從更針對性的角度設計問卷題目，議題的討論也就能夠更加聚焦 —— 只要我們的訂得題目夠小、夠聚焦，以「小題大作」的方式去製作專題，通常可以大幅提高檔案的品質。

❷ 活動性檔案的選題：聚焦在一件印象深刻的事，並且在一開始就寫出來

活動性檔案主題選定也是以「小題大作」為原則，只不過它不一定需要用到學術性檔案的框架，因為活動性檔案不一定需要展現出扎實的知識能力，大多時候是透過寫故事來與讀者產生對話；與筆者先前提過的一樣，建議寫出一個印象深刻的事件，會比把一個活動從頭寫到尾還要有記憶點。

舉個例子，同學參加了一個偏鄉國小服務隊，檔案的內容圍繞在參與服務隊的經歷，包含前期籌劃、活動過程、活動尾聲。想想看，這麼一來，參加同一場服務隊的同學寫出來的檔案內容是不是也跟自己差不多？（我甚至可以毫不客氣地說，就算參加不同的服務隊，檔案內容可能也是大同小異）那應該怎麼辦呢？其實只要鎖定一件印象深刻的事件，進行重點性的描繪就好，而且我們可以運用先前說過的「結論式開頭」，將這個印象深刻的事件放在檔案的一開始，千萬不要先鋪陳完整個營隊概要，再來說印象深刻的事，教授很有可能看到檔案開頭又是一連串鋪陳就看不下去了，也就看不到我們要重點描繪的事件；另外也建議可以使用「場景搭建」的方式，透過故事將讀者帶入情境。我們來看看以下範例：

主題：偏鄉國小服務隊第一天吃營養午餐的情況

標題：那個不吃營養午餐的小男孩

內文：如果你的孩子不吃飯，你該怎麼辦？我今年16歲，雖然還沒有生過孩子，但我卻可以回答這個問題。今年夏天，我們到一所偏鄉國小辦了一個30人英語服務隊，本來應該是很歡樂的5天4夜，但我居然在第一天就對小孩發脾氣。那天我們要陪著小朋友們吃營養午餐，有一個孩子叫豪豪，小學三年級，他很瘦，但活動力很好，第一天他就很積極投入每個活動，玩得汗流浹背。中午吃飯時，他說不想吃營養午餐，我見他上午玩得這麼累，擔心他如果不吃飯，下午可能會因為肚子餓而體力不支，於是就勸他吃飯。但是15分鐘過去了，豪豪怎樣就是不吃，我一時耐不住性子就吼了他，他馬上就哭出來，並且說再也不要來了；我當下傻住了，不是因為他說不來了，而是，我怎麼會吼他？後來，豪豪也就真的沒再出席過營隊了，我的心因為他的缺席

不要為了想得高分，

而缺了一塊。雖然前期我們花了很多時間籌劃營隊，大部分的小孩也都玩得很開心，但卻因為我一時的求好心切，沒辦法讓豪豪享受這次的營隊。因此如果還有機會，我希望可以改進……。

　　故事就說到這邊，同學覺得範例中的這個服務隊經驗跟過去看過的其他服務隊相關的學習歷程檔案，哪一個比較能夠留在記憶中？或許你會擔心：「這樣不就都是在寫缺點嗎？」或是「教授會不會覺得我很沒有同理心？」如果我是教授，我反而覺得這樣的經驗才是真正有同理心的表現 —— 寫一堆正面積極卻不真實的內容，不如好好寫一個故事，讓這個故事成為我們活動性檔案的主題，才能與讀者對話、溝通、產生記憶點。

選擇不擅長的題目。

28

平時就要有外部累積內容，

自帶流量的效果更驚人。

巧遇年僅 18 歲的網紅前輩

曾經在一場演講結束後，有位學生跑來找我，他告訴我之前在準備書審資料時，都會準時鎖定我的影片，並說我的影片對於他在製作學習歷程上很有幫助。我就很好奇問他後來讀什麼科系呢？這位學生說他透過特殊選才錄取資工系；聽到特殊選才我就很有興趣了，於是我就問他放了哪些資料去進行特殊選才，他說他平時就有在部落格上分享「如何架設 wordpress」的文章，他的部落格從小學四年級就開始經營，到現在有一定的流量，甚至還有廠商找他業配。我聽完非常驚訝，因為我到

目前為止都還沒有收到業配的經驗，算起來他是我的自媒體前輩啊！而這位同學的書審資料就是把自己過去在網路上分享的文章整理起來去申請特殊選才——聽完他的經歷以後，對於他錄取資工系的結果就一點都不意外了。

「作假」與「不真實」

現階段學生在提交學習歷程檔案時，只能透過中央資料庫進行勾選，如果學生平時沒有累積，基本上資料庫中是不會有任何內容可以給大學教授看的，那也就只能夠透過甄選委員會的平臺，透過「自行上傳」的方式繳交學習歷程檔案給大學教授看。這部分我會在後面的章節針對學習歷程系統與自行上傳的差異進行說明，在這個章節中我想跟同學討論的是：「只要提供學習歷程檔案資料庫就夠了嗎？」在教育部的學習歷程檔案指導原則中，「重質不重量」一直是首要的宣導原則，因為教育部不希望學習歷程檔案被發展成軍備競賽，更不希望因為城鄉差距，導致偏鄉地區的學生因教育資源相較不足而在升學上成為弱勢，所以在學習歷程檔案中設置了諸多限制（包括每學期上傳件數的限制、勾選給大學端審查件數的限制等）；這些為了公平而設置的諸多條件，以及重質不重量的指導原則，是絕對沒問題的，但教育現場最大的問題是，學生所提供的檔案中沒有一份是有「質」的。

我常說學生不會在學習歷程檔案上「作假」，但是卻有很多「不真實」的內容——「作假」與「不真實」是不一樣的；所謂的作假，包括請別人代寫或者捏造與事實不符的內容；而不真實，指的則是學生寫出來的內容經常過於樣板，而沒有提供更多細節讓人相信它是真實的，例如以下這段文字：

「我在辯論社中擔任社長。每一次的辯論比賽我總是帶領團隊完成任務。三年的辯論經驗，讓我明白要完成一場好的辯論比賽，除了事前準備要充分，也需要良好的團隊合作。」

這種任何人都可以寫得出來的內容，寫了等於沒寫，這樣的語句過於空泛且不具體、深刻，讓人毫無記憶點。為什麼會這樣？筆者猜測這可能是因為缺乏相關寫作訓練的緣故。

量變帶動質變

先前提過筆者曾指導一位拿過國際科展金牌的學生，他本想透過這個經歷申請喜歡的大學校系，並在輔導室花了幾天寫自傳，卻被我告知：「這份資料不能用！」因為這份自傳的內容乏善可陳，沒有任何個人特色與亮點。一個擁有亮眼表現的孩子，卻無法寫出具有亮點的學習歷程，最主要原因就是他不知道怎麼寫，才可以展現自己的優勢 —— 用心不一定代表可以寫出有品質的學習歷程檔案，關鍵在於是否能以正確的方式呈現。後來我就跟他說：「整份資料中，哪一件事是你最想讓教授了解

28. 平時就要有外部累積內容，自帶流量的效果更驚人。

的？」他說是國際科展的實驗過程，於是我就請他專注於描寫他的科展經歷，其他如家庭背景等不相關的資訊就不用特別寫了。這個孩子將資料帶回去修改後，又拿來給我看，我問他這次寫起來感覺如何？他說：「寫得很爽！」我便告訴他：「這樣就足夠了。」

在教育現場，許多孩子不願意在高一、高二時寫學習歷程檔案，最常見的原因包括太花時間、不知道怎麼寫才是正確的，以及與未來科系的相關性太薄弱等，學生們擔心花這麼多心力寫學習歷程最終是做白工，還浪費準備學測的時間，加上許多學長姐也建議：先把學測考好，等到高三再來準備學習歷程，比較可以針對科系量身定做，不會做太多白工……對於這種比較傳統的做法，筆者個人不是這麼推薦，最主要的原因是，學習歷程檔案的製作，不是太容易的一件事，要在一份檔案中展現自己的優點，是需要許多寫作技巧的，而這些技巧都需要花大量的時間練習；如果我們在高三考完學測後才開始寫學習歷程檔案，那就像是考試裸考，把沒經過練習做出來的檔案直接給教授看，那種風險是非常大的 ── 沒有足夠的練習，很難產生有品質的學習歷程檔案。

最好的學習歷程練習方式

每學期上傳6件課程學習成果、10件多元表現，3年下來累積48件學習歷程檔案的練習，足夠嗎？根據筆者的經驗，練習愈多效果愈好。目前我的頻道累積了超過150支影片，大部分的觀眾給予的評價都是說明很清楚、每次只講一個觀念很好吸收、很容易理解等等，但現在的影片之所以可以有良好的內容呈現，都是因為我3年來每個禮拜寫腳本所累積的成果。

但學習歷程可以上傳的數量有限怎麼辦？我認為最好的方式就是把你的學習歷程放到網路上，讓觀眾去驗證這些內容是否有效 —— 網路，是一個沒有成本的世界，任何人都可以將作品放在網路上 —— 一來可以測試哪種標題或內容能夠受到觀眾歡迎、怎麼做會被按讚或分享，二來可以增加檔案的內容含量，透過足夠多的作品來說服教授，自己在相關領域的投入與專業。這些都將構成我們的網路數位資產，如果我們的內容甚至還可以吸引廠商業配，那就間接證明我們所提供的內容是被業界認證的、是非常具有說服力的學習歷程檔案。或許有人會質疑，在檔案中放上QRcode，教授會看嗎？一般來說，因為學習歷程檔案基本上就是把一份經歷的重點呈現出來，所以同學的QRcode通常連結的是與該經歷相關的一份完整作品；但如果我們告訴教授：「這個QRcode所連結的網站是我累積3年的相關作品」，這種外部累積甚至自帶流量的內容，對於我們的專業探索，有絕對的加分效果。

> 用品質展現專業，用數量累積信任。

28. 平時就要有外部累積內容，自帶流量的效果更驚人。

28. 平時就要有外部累積內容，自帶流量的效果更驚人。

29
學習歷程檔案沒必要跟科系連結

高中生志願轉換的時間熱點

同學們一定聽過一種說法：「同學愈早確立科系目標愈好，這樣學習歷程檔案才可以針對科系屬性量身打造。」但筆者認為，高中階段每學期上傳的課程學習成果、多元表現，其實不一定要與科系有所連結，為什麼？因為那樣很不合理，要一個高中生提早確立志向，還要從高一就開始準備，這未免也太強人所難了！有多少人甚至到40歲都還不太知道自己要幹嘛（像47老師就在37歲才決定離職創業），這種要求我認為對大部分高中生來說太過困難。

目前高中的學習制度與大學的招生制度其實是互相矛盾的：高中階段會分類組、班群，學習不同的科目，但是不管學生在被分類在哪個類組或班群，學測時使用的都是同一份考卷；而學生在志願選填上，也沒有任何差異，只要有相關科目的考試成績，任何人都可以填寫任何志願。依照目前趨勢，我國學生、家長較為傾向選擇自然組（含生物），主要原因是未來就業的發展性比較好，但是並非每個孩子都適合念自然組，畢竟自然組的課業比起社會組相對困難，因此容易出現一種情況：學生容易因為課業難度無法負荷，導致高二（甚至高三）轉組的情況；在這樣的情況下，同學的學習歷程檔案很可能會因為轉組而沒上到某些課程，導致沒有相關內容可以上傳。

另一個學生志願轉換的時間熱點，是學測放榜那天。最常見的是自然組考生，這些學生在學測自然科失利，拿到成績單的那一瞬間，會莫名對商管類科系感興趣。但自然組學生想要跨社會組申請科系時，會面臨沒有修習過社會科探究實作課程的問題，因為在高中階段，一般學校都會安排相關探究課程給相關班群，而因為商管類屬於社會組科系，這時候想申請商管類科系的自然組同學就會很擔心，簡章中要求考生提供社會科探究實作，但自己沒上過這些課程、沒有相關的成果作品怎麼辦？我的建議是──「有什麼給什麼就好」。

對於大學端來說，高中的課程在學術上不一定具有專業說服力，因此上過或沒上過什麼樣的課程本身，並不會對教授的評分有太多影響；在教授的學習歷程評分介面中，課程學習成果的階層會一口氣羅列出你的3件檔案，多元表現則是10件檔案全部攤開，就算簡章上沒有要求特定的子項目，學生其實也都可以勾選；換句話說，不管我們勾選什麼內容，教授全部都看得到。我相信沒有大學會設置「沒有ＸＸ檔案，分數就比較低。」這種愚蠢的規定，而不管同學提供什麼樣的檔案，教授也一定有辦法透過我們的學習歷程檔案判斷我們是否適合就讀該科系，所以轉組的同學也不用太擔心，只要提供自己曾修習過的課程相關檔案就可以了。

學習歷程檔案沒必要與科系有關

首先我們先來看看一份與科系相關的學習歷程檔案有什麼好處：

1 吸引教授注意

人都喜歡跟自己很像的人，也偏好熟悉的事物。這樣的熟悉效應也會發生在學生的學習歷程檔案中，主題與教授的研究領域相同或類似的學術興趣和專業方向，這種共鳴可能會激起教授對學生的興趣而優先點閱。

2 增加專業信任

每個科系都是專業領域的訓練，內容扎實且專業。對於大學教授來說，找到適合就讀的學生是首要任務，因此如果學生在高中時期就有與科系相關的學習經驗，通常比較容易說服教授該學生適合就讀。

基於以上這2個理由，如果很早就能確定明確的志向，讓學習歷程檔案與科系產生連結是很好的方向，但大多數的學生其實很難這麼早就立定志向，通常需要經過大量探索後，才比較有可能找到適合自己的科系目標，因此將這些探索的經驗加以記錄，才是學習歷程檔案的主要目的。既然是探索，就一定會有許多與科系不相關的內容，一味地要求學生要寫出與科系的關聯性，其實是不切實際的想法；況且，還有學測這個變數——筆者經常看到學生去參加大學營隊，並且在學習歷程檔案中，過

度表達對於特定科系的熱愛，但後來因為學測成績不如預期，迫使學生需要申請其他科系，這種對於非申請科系過度表達熱愛的內容，教授看了也很尷尬 —— 所以許多學生會抱怨，學習歷程寫到最後都不能用。

最簡單的解決辦法：展現個人能力

「學習歷程檔案不能用」通常有2種情況，一是太局限，二是太淺。

在學習歷程檔案中指名道姓地寫出特定科系，就是「太局限」的狀況，為了避免這種情況，我會鼓勵同學好好的在學習歷程檔案中，透過展現個人能力，說服教授自己適合該科系；舉例來說，如果同學製作了一份小論文，便可以在當中展現自己優異的「文獻探討」能力、在實驗報告中，描述自己如何「解決問題」，甚至在模擬聯合國會議的經驗中，表現出自己具有高強度的「思辨能力」……等，這些能力是所有科系的「最大公因數」，無論申請什麼科系都是不可或缺的，寫出這些萬用的能力表現，便可以很放心地放在學習歷程檔案中讓教授審閱。

當然，如果能展現出該科系需要的特定能力，就算不特別說出科系名稱，也能有效證明同學適合就讀；例如：英文系需要閱讀大量的文學著作，如果同學可以在學習歷程檔案中展現自己具備閱讀長篇文字的能力，甚至可能還具有良好的摘要能力，這些對英文系來說特定且核心的能力，通常可以讓同學脫穎而出。要找到欲申請科系所需要的核心能力，就需要仰賴我們對科系的深入探索與了解，而其實大多數學生覺得學習歷程與科系難以連結，最主要的原因是對科系的了解以及研究的題目「太淺」，才導致了「學習歷程檔案不能用」的結果。

任何題材都可以與任何科系連結！

　　現在的時代，沒有任何產業是可以獨立存在的，每一項產品都可以與18學群連結，比如有一位學生想要製作關於籃球鞋的學習歷程檔案，那可以如何與18學群連結呢？同學可以參考看看以下的方向：

1. 資訊學群→3D列印球鞋的程式分析。
2. 工程學群→解析球鞋生產線的運作。
3. 數理化學群→研究球鞋設計與運動角度的關聯。
4. 醫藥衛生學群→研究人體工學對球鞋設計的重要。
5. 生命科學學群→比較球鞋材質的分子分析。
6. 生物資源學群→探討取代牛皮的球鞋材質。
7. 地球環境學群→讓球鞋材質與環保議題接軌。
8. 建築設計學群→說明球鞋設計的概念。
9. 藝術學群→探討球鞋美感與大眾接受性。
10. 社會心理學群→探討追求名牌球鞋的心理狀態。
11. 大眾傳播學群→了解球鞋與流行文化。
12. 外語學群→比較為何都是歐美球鞋大廠獨佔。
13. 文史哲學群→研究球鞋文化與歷史。
14. 教育學群→探討球鞋與同儕認同文化。
15. 法政學群→專利法。
16. 管理學群→研究知名運動品牌公司的管理方式。
17. 財經學群→分析球鞋公司的年度產值或財務報表。
18. 遊憩運動學群→探討如何選擇適合不同運動的球鞋。

一個主題，如何能夠連結到18學群，關鍵是我們對該領域的熟悉度；當我們對一個產品愈熟悉，就愈能知道該產品所涉及的相關領域，那根本就不用擔心做錯主題。如果你問我，學習歷程要做什麼主題？我會告訴同學：「只要了解的夠多、探討的夠深入，做自己最喜歡的主題就是最好的。」

IDEA

了解愈多，
連結愈深；
能力愈強，
應用愈廣！

30
善用看不見的試錯，呈現看得見的優勢！

平時上傳的學習歷程檔案，教授看不到！

一般學生對於學習歷程檔案最大的焦慮之一，就是「不能修改」！學生很擔心自己在高一、高二寫的內容不夠好，對於未來升學會有所影響。但其實，高中期間同學上傳的任何一筆學習歷程檔案，教授都看不到 —— 這些都資料都會存放在中央資料庫中，沒有我們的同意，任何人都看不到這些資料。

那教授何時會看到呢？當高三申請入學第一階段篩選通過後，學生從中央資料庫中勾選合適的檔案，這時教授才看得到我們的檔案；而這之中唯一的規定是：學生必須從中央資料庫中進行勾選，也就是說，如果高中期間學生沒有上傳任何學習歷程檔案，那中央資料庫就沒有資料可以勾選，這時候學生只能透過「自行上傳」的方式，在通過申請入學後，針對不同校系提供學校需要的書審資料。

學習歷程系統與自行上傳，在分數上有差異嗎？

一直以來都有一些「謠言」，說使用自行上傳的檔案學習歷程分數會比較低，以下用一個實際狀況打破這個謠言。

目前學習歷程系統只提供給應屆學生使用，重考生繳交書審資料的方式，只有「自行上傳」，而既然這是系統設置的問題，那兩者在分數評比上就不能有所差異，不然就會有不公平的疑慮，因此只要重考生的檔案上傳方式沒有改變，那這兩種方式就不應該有差異。

應屆學生其實也是可以使用「自行上傳」的方式繳交檔案的，而且會選擇使用自行上傳方式的，通常是認真的學生（因為他們希望可以呈現最好的資料給教授）；但即便如此，筆者依然強烈不建議應屆生使用自行上傳的方式，原因有3個：

① 容量太小

若選擇上傳至學習歷程系統，每件檔案上傳上限是4MB，所以勾選3件課程成果，就是12MB，10件多元表現就是40MB。若選擇自行上傳，檔案就會合併計算，即3件課程學習成果加上10件多元表現需要併成一件檔案，容量上限5MB（技高4MB）在製作上的難度會大很多。

② 時間緊迫

大體而言，高中生在考完學測後，還有2個月的時間可以製作高三下的學習歷程檔案（技高生統測後只有2週時間），按照108課綱的邏輯來看，學生在考完大考後，應該是不需要再煩惱學習歷程檔案的，因為只要

從以前的資料進行勾選就好，唯一需要花時間的只有NOPQ（多元表現綜整心得＋學習歷程自述）而已，所以不應該有時間不夠的問題；但在教育現場實際的狀況是：同學在「高三下」還有最後一波上傳機會，而因為書審資料攸關第二階段的分數，基於人性，大家都會想拿出最好的檔案，再加上多元表現並沒有上傳年度的限制，於是高三下的空檔，便變成同學們「重製多元表現」最好的時間。

③ 沒有練習

如果高中期間都不想上傳學習歷程，等到高三考完後，再用「自行上傳」的方式可以嗎？答案是：「可以！」因為申請入學就是留有這樣的空間可以讓同學彈性使用；但筆者依舊不建議同學這麼做，原因與先前提過的相同 —— 同學在這之前都沒有練習過怎麼寫學習歷程；就算是再聰明優秀的學生，沒有練習，也不容易寫出具有個人特色與優勢的學習歷程檔案。如果同學在高中期間都沒上傳過學習歷程檔案，第一次寫的學習歷程就要交到教授面前定生死，這就跟「裸考」一樣，你願意冒這麼大的風險嗎？

「勾選的檔案都集中高三下，教授會不會認為我以前都不認真做學習歷程？」目前的學習歷程檔案系統每個人最多可以上傳48件資料，但是需要經過學生的勾選教授才看得到，你知道為什麼要設計成這樣嗎？我認為這樣的機制是給學生「試錯」的空間。

大部分的人不會勾選高一的檔案給教授看，因為高一的內容通常慘不忍睹 —— 就算你是高一全校學習歷程寫最好的，你也不會勾選高一

的檔案 —— 為什麼？因為你會進步啊！等到2年後回來看自己當初的檔案，我們經常會發現有更好的呈現方式。只要學習歷程檔案是設計成由學生自行勾選的機制，那大部分人勾選的檔案都會落在高三下，這就是「人性」。

對教授來說，學生有沒有做學習歷程檔案這件事，其實對他們來說並不重要；重要的是，教授也很期待可以透過這些資料，對我們有更正確的認識，進而找到具有潛力且適合就讀該科系的學生。

百萬Youtuber阿滴有一支影片是訪問108課綱第一屆的學生，影片中訪問的4位學生一致認同學習歷程檔案是很棒的制度，這點讓阿滴很意外，因為當時大多數對學習歷程檔案的評價都是負面的，因為剛開始實行的時候制度很混亂，而且又牽涉到升學，所以讓學生們壓力很大，但這4位同學不約而同表示後來回頭看自己的學習歷程檔案，都明確看到了自己的成長 —— 如果沒有那些紀錄，就不能發現自己的進步。

學習歷程檔案從來就不只是供升學用的評估工具，更是幫助學生重新自我釐清、整理自我的工具，每一次的上傳都是在練習如何「歸納與整合」自己，而這些成長不僅要讓教授看到，對於同學自己來說更是重要。

沒有紀錄的刻痕，
就不知道自己長高了多少！

Chapter 04

YT 式行銷策略融入學習歷程檔案

引言：學習歷程檔案的升學考量

先來個靈魂拷問：「如果大學不看學習歷程檔案，你還會寫嗎？」

相信大部分人應該都是不願意的，因為這真的很花時間 —— 其實不只是學生不想寫，大人們也一樣。比如每年各種機構的評鑑，許多人覺得為了評鑑需求，而要花費額外時間心力提供不一定符合實際狀況的資料，既沒意義又浪費時間，還不如把這些力氣，拿去提高業績、服務客戶 —— 既然如此？為何這種文書評量機制仍舊沒有被淘汰呢？

筆者經營YouTube頻道經過2年之後，發現「紀錄」是一個人會不會成長的關鍵 —— 「現在的我，比2年前的我，更懂學習歷程了。」會有這種感覺，是翻看自己最近寫的文章時發現，比起2年前，現在的內容更有深度與想法，而且有些錯誤觀念也在不斷修正；而能夠看見這些進步，都要歸功於我有記錄下自己的專業歷程 —— 當我回頭檢視自己一路以來的成果時，有許多紀錄幫助我去整理與覆盤，讓我愈來愈專業；如果沒有不時回顧這些紀錄，我可能還在堅持2年前的錯誤觀念。重複練習錯誤的動作，是不會進步的，就像是練習投籃，姿勢正確，才會愈投愈準，習慣錯誤的投籃姿勢，不僅不會提高命中率，還容易受傷。

如果好好善用學習歷程，確實可以發揮「生涯探索」與「看見自己的成長」這些好處，但這件事大部分人都做不到，因為長期規劃需要太長時間才能看得到回饋，只有少數人才有這樣的遠見去堅持做這件事，因此我們可能還是得先回歸「升學考量」。

曾經有一位教授問我：「為什麼學生勾選的學習歷程檔案，格式都不統一？」那位教授對學生「凌亂」的資料，相當不以為然。我心想：這不是當然的嗎？學習歷程檔案是學生3年下來，上不同的課程、參加不同的活動、被不同老師要求的結果，怎麼可能統一格式？而這個意見其實正好反映出高中端、大學端以及教育部之間的認知落差 —— 教育部要求依規定每年逐項上傳，高中端便乖乖執行，讓學生把每堂課的所學好好上傳，但審查資料的是大學教授，他們要在短時間看學生3年的縮影，所以如果有統一格式一定比較好閱讀（這也是為什麼許多教授都喜歡從NOPQ開始看起的原因之一）。我們無法要求學生3年下來每一份檔案都用相同格式，也不鼓勵學生高三才寫，因此為了讓同學可以盡情發揮創意，並寫出讓審查教授閱讀起來比較「有感覺」的書審資料，就需要一個策略性的自我行銷方案。因此最後這個章節，我們將會從學習歷程檔案整體的角度出發，提供一系列的行銷策略與觀點，幫助同學在最後升學階段，將學習歷程檔案整合成具有「個人標籤」的書審資料。

好的行銷策略從來就不是一味的叫賣，而是一種優雅的等待，要讓別人願意關注自己，就得展示出自己的價值；因此在這最後的篇章，我們就是要來看看，要如何在學習歷程檔案中展現自己的價值、打造吸引人的高級感。我們將在前半部讓同學理解「何謂價值？」，並在後半部，手把手帶同學從NOPQ中，展現自己的獨特價值。

31

生涯代表作的重要性

為什麼我們必須要有生涯代表作？

聽到《臥虎藏龍》，你會想到誰？

讀完《哈利波特》，你會想到誰？

買了iPhone手機，你會想到誰？

我想這3個問題，我們都會想到同樣的答案 —— 分別是李安、J.K.羅琳以及賈伯斯。這3位知名人士在各自的領域中都有著生涯代表作，讓他們的名字得以被這個世界記住；如果沒有生涯代表作，那他們的身分就只是普通的導演、作家以及手機開發商。

所謂的「生涯代表作」指的就是某個可以代表你這個人的身份、成就，甚至是某一種影響力的作品；擁有一件被公認的生涯代表作，可以提升被認

可的機會，比如筆者的頻道「47雲端輔導室」，現在擁有2萬人的訂閱，雖然不算多，但在教育輔導界中，應該可以算是一個被公認推薦的頻道。記得有一次，我被邀請去大學博覽會分享大學志願選填（可以去大學博覽會上臺演講的，都是所謂的「升學輔導專家」，筆者過去雖然在升學輔導這個領域深耕10年，也從來沒有機會到大學博覽會演講），對於被邀請，當時的我很驚訝，於是就詢問主辦方邀請我的理由，想不到對方竟然說是因為在YouTube上看到我的影片，覺得我講得不錯，於是就邀請我 —— 那一次，我才深深感受到生涯代表作的重要性 —— 我可以藉著這個作品，無限延伸出任何形式來表現我這個人，所以現在的我不印名片，「47雲端輔導室」就是我最好的名片。

符合生涯代表作定義的 3 個向度

雖然上述例子都在強調生涯代表作的重要性，但並不是把自己的事情寫出來，就可以成為「代表作」；要讓自己的作品符合「生涯代表作」的定義，至少必須具備以下幾個條件之一：

① 少數人擁有的成就

指的是一種獨特性和卓越性。作品在該領域中做到了僅有少數人能達到的特定高度，可能是因為作者本身具有非凡的才華或付出了異於常人的努力，才達到了這個不尋常的成就，甚至在某種程度上改變了該領域的標準；例如：愛因斯坦提出的「相對論」，改變了物理學的面貌，而這個突破性的理論，也重新定義了我們對宇宙的理解。

② 多數人認同的表現

這反映了作品的普及性和影響力。一件作品若能被廣泛的觀眾群體所認同和讚賞，這意味著它在情感、思想或美學上與大眾產生了共鳴，這種普遍的認可是作品成為代表作的重要因素；例如：周杰倫的《七里香》專輯，其獨特的音樂風格和創新的曲風在亞洲及全球華語地區獲得了廣泛的認可和喜愛。

③ 極具個人特色的內容

這可能是一般人比較有機會達成的，它涉及到作品的原創性和個人風格。生涯代表作往往鮮明地反映了創作者的個性、思維方式和創作風格，它是創作者個人經歷、情感和見解的展現，因此具有獨一無二的個人特色；例如：網路影片《山道猴子的一生》，這部影片講述了一名在超商上班的年輕人，為了滿足虛榮心做出許多不智的選擇，一系列的經歷讓他逐漸迷失自我，最終因為在山道飆車而意外身亡。這部以Wojak迷因畫風、AI語音配音創作的影片在網路上造成現象級的討論熱度，上集在約一個月內達到210萬次觀看，下集則在3天內就達到200萬次觀看。

從競爭對手開始考量

看完以上3個向度，同學可能會覺得太困難、根本不可能做到，但其實在學習歷程檔案中，人人都有機會打造出屬於自己的生涯代表作，關鍵就是設置「個人標籤」。

「你寫這個我找不到你！」這是筆者在輔導學生製作學習歷程時常說的一句話，例如有學生寫「多益金色證書」，860～990分都是金色證書，這個很多人都有；或是寫「對於自己喜歡的事物，會一直做下去。」這不是廢話嗎？誰會想要一直做不喜歡的事？以上這些例子都是讓教授「找不到」的寫法，我們要明白我們的目標，是讓教授透過學習歷程檔案找到自己，並且記住我這個人，因此任何會影響我們達成這個目標的舉動，都應該避免（這整本書筆者也都是以這個目標為核心撰寫）。

要讓教授在學習歷程檔案中找到自己，並不是講述自己有多優秀，而是要呈現出我們與競爭對手的不同；舉個例子來說，假設今天有A、B兩位同學同樣都想申請外文系，A同學考取全民英檢初級，並在學習歷程檔案中洋洋灑灑的寫了8頁；而B同學考取了全民英檢高級，但學習歷程檔案只上傳一張證書———如果你是外文系的教授會錄取誰？肯定是B同

學吧！但這個舉例是不會發生的，因為全民英檢只有初級的同學不會去申請外文系，對於申請外文系的學生來說，語言檢定只是一個門檻，大家都會通過，只提供證書是不夠的，因為你的競爭對手們同時還會寫很多學習心得去豐富這份學習歷程檔案，如果想要從眾多擁有類似特質或能力的申請者中脫穎而出，我們便需要去思考如何提出自己與眾不同的優勢。

有一位學生博元（化名）是玩機器人的，他同時也是該校機器人社團的創社元老，記得當時博元想要申請機械系，於是他在學習歷程中寫下所有的機器人相關的活動經驗，包括比賽、作品等等。當時我看完後問他：「你覺得寫這些，贏得了對手嗎？」博元沒自信地搖搖頭，因為他雖然熱衷參加機器人活動，但是並沒有在競賽中得到過任何獎項，光是在專業度這點，就會被其他得獎無數的對手打趴了，也就是說，「認真參加機器人活動」這件事無法作為他的生涯代表作，那怎麼辦呢？再仔細閱讀一次檔案後，我發現有一個段落很特別，是關於博元假日到校準備機器人比賽，最後卻沒去做機器人的經歷。

那段經歷博元寫得很模糊，於是我請他詳細地說明那天發生了什麼，博元表示，當時因為機器人比賽要到了，但是進度還有點落後，所以他決定週日到學校補進度，結果當天他花了40分鐘的車程到了學校，卻發現自己沒帶鑰匙，他感到非常沮喪，覺得時間已經不夠用了，還搞這種烏龍浪費這麼多時間，於是一氣之下，他就用程式在機器人教室門口做了一個電子鎖；聽到這邊我就很好奇的問他：「你怎麼會做電子鎖？」博元回答說：「我只是把在機器人學到的理論以及實作經驗應用在這個電子鎖當中。」聽到這邊我就建議他不要寫機器人了，我們改寫電子鎖 —— 反正在機器人競賽中也沒有得名，寫了也無法贏過對手；

但這個電子鎖是博元結合過去參與機器人活動所獲得的經驗所做出來的，並且也順利地解決當時忘記帶鑰匙的問題 —— 於是整份學習歷程檔案就轉而專注在介紹電子鎖的製作過程，這個電子鎖變成了他的生涯代表作，而博元的個人標籤也從機器人變成「電子鎖男孩」。

在最後一個篇章，我們要來聊聊學習歷程檔案的行銷策略 —— 好的行銷策略從來就不是一味的叫賣，而是一種優雅的等待，要讓別人願意關注自己，就得展示出自己的價值；因此在這最後的篇章，我們就是要來看看，要如何在學習歷程檔案中展現自己的價值、打造吸引人的高級感。我們將在前半部讓同學理解「何謂價值？」，並在後半部手把手帶同學從NOPQ中，展現自己的獨特價值。

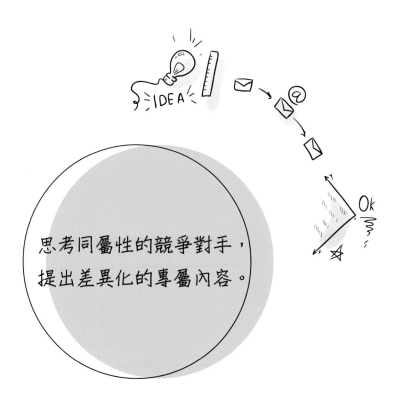

思考同屬性的競爭對手，
提出差異化的專屬內容。

32

當不了第一？那就當唯一！

從 CP 值篩選變成唯一指定款

同學有購買拖鞋的經驗嗎？你穿的拖鞋有特定品牌嗎？沒有吧！大部分的人買拖鞋時通常考慮最多的是CP值；假設現場有3雙拖鞋，第一雙是穿起來感覺很舒服、第二雙又好穿又便宜，而第三雙拖鞋不得了，不只好穿又便宜，甚至還很好看，於是多方比較後，大多數人都會選擇第三雙，因為CP值最高。

你知道嗎？學習歷程檔案也可以用類似CP值的標準去篩選，我們同樣假設有3位同學要申請日文系，3人分別考取日文檢定N1、N3、N5的證照，那麼對教授來說，選擇誰的「CP值」比較高？當然是N1；這種用標準量尺去分類等級的評分機制就是一翻兩瞪眼，考出來的分數屬於哪一級就是哪一級，幾乎沒有任何轉圜的餘地。

那麼有沒有辦法可以讓自己的檔案減少被教授用「比較CP值」的方式篩選呢？這裡就用另一雙球鞋來回答你 ── 你知道Air Jordan第五代球鞋有哪位知名人士穿過嗎？沒錯，是籃球之神麥克,喬丹；但你知道嗎？另外有一個人也穿過這雙鞋，而且他可能跟麥克,喬丹差不多有名，你一定覺得怎麼可能？答案揭曉，就是《灌籃高手》的流川楓！（在筆者那個年代，人人都想當流川楓）於是後來這雙球鞋復刻後，我馬上衝到店面搶購。這雙鞋要價6300元，又貴又難穿，而且超不透氣，除了帥與回憶，一點優點都沒有，但為什麼我還要去搶購？因為我買的不是球鞋，而是那個「更靠近流川楓」的夢想；就算旁邊擺的是最新款球鞋高科技35代，是更便宜好穿的鞋款，都無法改變我想變成流川楓的衝動，對我來說，黑底白面的第五代就是我心中唯一的指定款 ── 同理，只要把我們的學習歷程檔案變成教授心中的「指定款」，就可以脫離「CP值」這個篩選標準。那我們應該要怎麼做呢？

五感英文學習法

　　「英檢程度太低最好不要放進學習歷程，不然教授會覺得你的英文程度只有這樣。」同學是否曾經聽過這個關於學習歷程檔案的都市傳說呢？讓我們先來看看以下這個故事：

　　艾琳（化名）是我輔導過少數參與教育部青年發展署「青年教育與就業儲蓄帳戶方案」的學生，當時她就問了我「該不該在學習歷程檔案中放進初級檢定證書？」這個問題。艾琳的英文其實很不錯，但是因為參加青發署的計畫十分忙碌，抽不出時間去參加英文檢定，於是唯一可以證明自己英文能力的證書，只有一張國中時期去考的初級英檢證明；對於要不要放這張證書，艾琳掙扎了好久，深怕放了，教授會覺得自己的英文程度太低；但如果沒放任何證書，又擔心教授會不會誤會自己連初級都沒有。為了解決這個問題，我問了艾琳以下3個問題：

1.問題一：「你怎麼學英文的？」

　艾琳回答：因為忙碌，她的英文大多是自學。

2.問題二：「在你自學英文的過程中，有沒有令你印象深刻的事？」

　艾琳回答：剛開始學英文時覺得背單字有點困難，為了加強印象，於是
　　　　　她自己發明了一套「五感英文學習法」；這套學習法強調
　　　　　全身心的參與，包括：腦（思考）、口（說話）、眼（觀
　　　　　察）、耳（聽力）、心（感受），透過每天反覆的練習，便
　　　　　可以培養自己的英文語感。

3.問題三：「還有誰使用過這個方法？效果如何？」

　艾琳回答：週日她會在教會帶課輔班，曾有4個國中生使用過這套方
　　　　　法，他們都通過了全民英檢的初級。

聽到這裡，我就告訴艾琳：「你應該把這張證書放上去，並且把標題從『英檢證書』，改成『自創五感英文學習法，讓別人英檢通過率百分百』。」艾琳聽完彷彿被電到一樣，露出震驚的表情，接著就帶著自信的微笑說：「我懂了，謝謝老師。」艾琳微笑的原因是什麼呢？原來她要申請的目標科系是與華文教育相關的，這些科系雖然也重視學生的語言能力，但更重視「教育」相關能力的培養，筆者建議她的新寫法，便沒有將重點放在自身的語言程度上，而是強調自創教學法的課程設計能力。

「唯一」其實比「第一」更有競爭力

我們的教育環境讓學生只追求成為「第一」，可是在筆者看來，「唯一」比第一更有競爭力，因為這個世界太大了，人外有人天外有天，第一名總有被超越的一天，因此第一名會不斷的換人，但唯一卻是無法被取代的。當我們能夠在某個方面展現出獨特的能力或特質 —— 無論是創新的思維方式、特殊的技能，還是你的生活經歷，這些都是無法被他人複製的 —— 這獨有的特點便賦予了我們不可取代的價值，而這種價值在競爭激烈的環境中尤為珍貴。

要展現自己的唯一，就需要有創新的思維；賈伯斯曾說：「所謂的創意就是舊點子的結合。」把自己做的事與其他領域結合、用不同的角度詮釋，就能展現自己獨一無二的成果，就像是「學習歷程」與「YouTube經營」，這兩者是你我都知道的舊東西，但筆者將兩者結合起來，便成為一套全新的學說。我相信比我懂學習歷程的人一定很多，但從「YouTube經營」這個角度詮釋學習歷程檔案的，我一定是唯一的那個人 —— 我們不必追求多麼高大尚的觀點，只需要從不同的角度看事情就好。

一位傳播學系的教授曾與筆者分享過他審查學習歷程檔案的標準：比起作品，更重視同學看事情的「角度」。教授以電影來比喻，以相同題材為主題的作品，為什麼有的會因為具有高度藝術性而得金馬獎？而有的會變成通俗的商業片？這個差別就在於導演對於該題材的切入點不同，於是執行成果就大相逕庭；因此如果在審閱學習歷程檔案時，看到某個學生解讀一件事情的角度很特別，就會在他心中留下印象。

　　學習歷程檔案的評比中，篩選弱者的功能比挑選強者的功能還明顯，因為教授在審查學習歷程檔案時，是看不到學生的（也看不到學測成績），因此為了挑選適合的學生，用刪去法篩選掉某些關鍵特質或能力相對後段的學生，比較不會有遺珠之憾；也就是說，如果同學的學習歷程檔案不能展現自己的唯一性，那就只能等著被比較了。

唯一，是你唯一的逆轉機會！

33 提升高級感的 學習歷程檔案價值包裝術

琦馨（化名）是我輔導申請不分系的一位學生，她的書審資料拿到了該系歷年來最高分。但在初期，她的學長幫她看完書審資料後的評價是：「我覺得妳寫得很好，但是不知道為什麼，我就是不會想錄取妳。」琦馨聽完當下完全摸不著頭緒，但因為時間緊迫，還是先將資料繳了出去，果然最後都沒有得到任何面試的機會；反覆思索卻找不到原因的她，偶然在網路上看到了筆者的頻道，於是就發訊息向我求救。讀完她的資料後，發現琦馨擁有很棒的經歷，但是內容太過於碎片化，於是我便建議她使用「價值包裝」的概念去重新整合自己的書審資料，經過2週的積極討論與修改後，終於讓琦馨如願錄取了心中理想大學科系。

何謂「價值」？

在講價值包裝術之前，我們先來釐清一下什麼是所謂的「價值」。首先，成本不等同於價值；在學習過程中，我們所投入的時間、精力以及資源都是「成本」，這些都屬於量化的投入；而「價值」則是這些投入所帶來的結果和影響，更多的是質化的產出 —— 因此價值的真正體

現，在於如何從這些學習中提煉出對我們自己、對他人甚至是對社會有益的要素。

然而價值的提煉並不是一個自然而然發生的過程，而是需要我們有意識地去挖掘和構築的；舉例來說，學習一門新語言的成本可能包括時間和學費，但其價值在於能夠跨文化溝通、拓展職業選擇，甚至是能夠深入理解另一種文化；這些價值並不會隨著語言學習的完成自動出現，而是需要我們在學習過程中不斷思考和應用所學知識，從而使其轉化為前述的這些可能性。

價值提煉的 3 種層次

價值提煉的過程中，分成3種層次，分別是表面價值、中間價值、深層價值，我們以筆記型電腦來說明這3個層次的差異：

① 表面價值

屬於功能性價值，是最直接和基本的價值層次，涉及產品或服務的核心功能和基本特性；以筆記型電腦來說就是處理器速度、記憶體大小、硬碟空間等，這些特性直接決定了電腦的基本性能，如運行速度、儲存容量等。

② 中間價值

就是實用性價值，這個層次關注的是如何滿足用戶的具體需求、提升用戶的日常體驗；例如：筆記型電腦的實用性價值層次，在於如何提升工作效率、是否方便攜帶、電池壽命長短等，具備這些特性使電腦更加適合移動辦公、長時間使用，進而滿足專業人士或學生的特定需求。

③ 深層價值

　　象徵性或情感價值，這是最高級的層次，涉及產品或服務如何與用戶的身份、價值觀以及情感連結。對於筆記型電腦而言，象徵性或情感價值可能體現在品牌形象、設計美學、甚至是用戶因此產品所造成的生活型態改變；例如：筆記型電腦實現了「邊旅行、邊工作」的自由工作型態，其核心價值在於鼓勵和促進人們讓工作與個人生活和諧共存；一臺輕薄的筆電不僅實現時間和地點上的自由，還能夠讓人根據自己的生活節奏和職業目標來安排工作，從而達到更高效的工作模式和更高品質的生活。

避免隱性誇大價值提煉

　　雖然「價值提煉」總體而言會為學習歷程帶來好的效果，但過度誇大的價值提煉會導致信任度下降，因此筆者都會建議學生，不要在學習歷程檔案中過度渲染自己沒有的經驗，要以「誠實」為最高原則。

　　在前面的篇章中有提到，學生其實不會「作假」，但常常會不小心呈現「不真實」的內容，而這其實算是一種隱性的誇大；例如有同學在檔案中寫：「從小我就喜歡做實驗。」這個「從小」具體是指幾歲？難道在抓週時抓到燒杯嗎？這種模糊、不切實際的詞彙要盡量避免使用，教授在審查資料時，比起虛無飄渺的形容詞，更需要同學提供具體清晰的敘述，才能較好判斷同學適不適合就讀該校系。

在本書序章中的「如何寫出偉大的學習歷程檔案？」一篇，建議可以從「利他」的角度出發，但也要提醒同學，千萬不要為了利他而利他；本來就沒有的東西，硬是寫上去會變得很牽強，比如總是能看到同學在檔案中寫「無國界醫生」，但真正去的人有多少呢？

志偉（化名）是一位家中經濟相較弱勢的學生，他同時申請商管、社工兩個科系。依照志偉過去的活動經驗，是比較偏向與社工領域相關的，我便很好奇他為何會想要申請商管科系？因為這兩者差異很大；志偉才告訴我其實他的家境不太好，他很想要透過從商改善家裡的環境，可是又怕寫賺錢太現實，教授會不喜歡。

愛錢不好嗎？誰不愛錢？我告訴志偉：「想賺錢沒有錯，關鍵是你賺錢的目的。」於是在深聊過後，發現志偉其實不只是想賺錢，他也希望未來可以協助跟他一樣處境的學生。我就告訴他：「你知道比爾蓋茲、郭台銘都有成立幫助弱勢的基金會嗎？」志偉搖搖頭，我便說：「如果你有錢，你也可以成立基金會，協助弱勢。」突然間他便明白該怎麼把社會服務跟商管這兩個南轅北轍的領域結合起來；最終他的檔案中，最令人印象深刻的內容是：「為弱勢者賺錢」── 我相信這不是口號，是志偉真心想做的事情。

價值包裝的兩個好處

① 價值升級

材料不值錢，有包裝過的商品才值錢，就像是同樣的蘋果，在菜市場自挑自選一大袋，售價絕對不比包裝精美的水果禮盒；而且水果禮盒很多人搶著買，但那些散裝的蘋果，再便宜可能都會有剩，為什麼？因為水果禮盒買的是一種心意，甚至是一種身份感。因此如果我們的學習歷程檔案，把每一件事都鉅細靡遺地寫出來，那就只是「材料」，沒有什麼價值，就像先前琦馨的例子一樣，優秀的經歷只要經過適當的包裝，馬上就可以把碎片化的材料，變成高級禮盒。

② 提升信任

常常有人會問：「我沒有參加過大學營隊怎麼辦？」或是「我在偏鄉沒資源怎麼辦？」其實這是很多人都會有的一個迷思 ——「需要有特別的活動經歷才會加分」，實際上，教授並不在意學生參加過什麼活動，但學生是否能在檔案中好好呈現那些自己參與過的活動，與從中所獲得的學習成長，才是教授在乎的重點；假設甲同學花了30萬去美國遊學，就表示他一定具備國際觀或流暢的英文會話能力嗎？其實未必吧！如果花這麼多錢遊學，學習歷程卻寫得很空泛，那就會變成「炫富」；再假設另一位乙同學從來沒出過國，但他透過每天收聽Podcast，對於國際局勢瞭若指掌，英文聽力從剛開始只能聽0.5倍速，到現在聽2倍速都沒問題。請問同學覺得哪位學生比較容易受到教授信任呢？

價值包裝的步驟

那重點來了，我們應該如何呈現學習歷程檔案，才能證明自己適合就讀該科系呢？其實很簡單，就是將事件轉化成適合該科系的核心能力就好。以下提供3個具體步驟讓同學進行練習：

① 場景描述

從參與的學習活動中，敘述一件令你印象深刻的事件，描述過程要盡可能具體詳細，甚至可以補充特定術語，以求讓讀者有身歷其境的感覺。例如：

> 我在模擬聯合國會議中擔任巴西代表，在氣候變遷的議題中，巴西以一個「生態多樣性豐富、經濟迅速發展」的國家代表，承諾減少碳排放，並且提出具體的減碳目標和計畫，以及利用再生能源和其他綠色能源技術來實現這些目標。

② 轉化核心能力

每一個科系都有各自需要的核心能力，將你在第一步驟中所描述的學習事件，轉化成科系需要的核心能力。例如：

> 這次在模擬聯合國擔任巴西代表的經驗中，透過實際理解各國面對氣候變遷的態度及處理方式，我認為我在「全球視野和國際事務理解」、「溝通協商技巧」、「創新思維」3項能力皆有所提升。

③ 核心串聯

　　這是最重要的步驟。學生可能在許多不同的事件中學到不同的核心能力，如果將每個事件不同能力分開說明，就會呈現碎片化的訊息，不利讀者閱讀與記憶；因此我們要以「個人標籤」為主要核心，串聯起所有的事件與能力，就能讓整份學習歷程檔案變得非常聚焦；例如：

　　以「跨文化溝通」為主軸，結合模擬聯合國的國際事務理解和社團領導經驗，強調自己在會議中跨文化溝通和協作的能力，這對於國際貿易的成功至關重要，因為涉及能否與來自不同國家和文化的人合作。

散裝的活動就像廉價商品，
包裝過的能力才是高級精品。

34

有效的引流，引導讀者正確的認識我們。

有意識地引流，更容易達到目的

引流，是網路行銷中常見的手法，目的是導引讀者去觀看特定的內容，增加目標內容的曝光度。在學習歷程檔案中，每位學生最多可以提供15件檔案（3件課程學習成果、10件多元表現、1件多元表現綜整心得與1件學生習歷程自述），在有限的審查時間中，比起讓教授隨機的挑選檔案，不如有意識地引導教授觀看特定的檔案，更能夠達到讓教授認識我們的目的。這就像是商家會在特定節日的廣告DM上主打某些特定商品，引導客戶將目光放到主打商品上，就能專門針對特定商品進行導購；比如前陣子筆者上網購買保健品時，剛好遇到母親節檔期，這個網站的首頁就主打「專屬媽媽的保健養護」，本來沒有想到媽媽的我，在看到一系列相關商品後，就忍不住訂購了幾瓶保護膝蓋的保健品（因為我媽媽有爬山的習慣）。

由於每位學生提供的學習歷程檔案數量不算少，如果讓教授隨機在學習歷程評分系統上選擇檔案閱讀的話，一來容易造成「選擇障礙」，二來就只能依照讀者的主觀喜好決定閱讀順序。據了解，教授的審查過程，在點開一份學習歷程檔案後，需要閱讀20秒才可以關掉檔案，並且依規定每一份檔案都必須點開審閱，因此，如何有效的運用這20秒鐘，就是非常重要的引流關鍵。教授要在為數眾多的檔案中找尋一份想看的檔案，是非常費力的工作，如果我們可以在每一篇文章中，有意識地引導閱讀順序，便應該能夠幫助教授對我們有更完整的認識。

如何有意識地進行引流？

本書在說明百字簡介的篇章中有提到：「不要在百字簡介中寫心得」，在那個例子中，因為短短100個字的篇幅，並不足以完整表達參與理財課程的收穫，因此筆者建議可以在百字簡介中告訴教授，檔案中有整理一份相關的商業報表 ── 這就是最基礎的引流設置，引導教授按照我們的期望，一步步閱讀自己的檔案。

YouTube平臺上的頻道大致可以分為兩大類，分別是娛樂性頻道與知識性頻道，套用到學習歷程檔案上時，就比較像是知識型的頻道內容 —— 我們必須透過展示一篇篇專業的內容來說服教授，自己具備適合就讀該科系的特質。而學習歷程檔案的目的，是讓教授對學生有全面性的認識，因此我們不應該只以單一檔案的格局去思考，而是要以像整個YouTube頻道的經營思維，進行宏觀的內容布局；一篇傑出的檔案，就像是頻道中一支爆紅的影片，雖然有機會在短時間吸引教授的目光，但如果與其他篇學習歷程的落差太大，其實是非常有可能讓審查人員懷疑此篇檔案是否為學生自己製作的，尤其現在AI寫作如此便利。

如何透過整份學習歷程引流？

引流之前，首先要先確認方向 —— 你希望導引教授去看哪篇檔案？可能是自己參加過的某個厲害的比賽、高階的檢定，或者投入最多心力以及可以完整展現個人特質的活動心得 —— 只要目標確定，就可以開始進行有意識地引導。根據過往的經驗，大部分的教授在審查時，會優先觀看「綜整性的檔案」，因為透過這些檔案，教授可以在最短的時間內了解該位學生，因此高中學習歷程反思（O）、就讀動機（P）、未來學習計畫及生涯規劃（Q）—— 也就是我們所說的「學習歷程自述」，通常是在教授最有注意力的時候點開來閱讀的檔案；如果我們可以在「學習歷程自述」上，進行有意識的布局，那麼在教授瀏覽其他檔案時，他們將帶著對我們學習歷程自述的印象去閱讀。以下提供3種常見且好用的引流方式：

34. 有效的引流，引導讀者正確的認識我們。

➊ 關鍵字串聯

在「學習歷程自述」中，可以巧妙地提及特定的關鍵字，這個關鍵字可能是同學在其他檔案中的重要成就或經歷；例如：我們想讓教授知道自己有閱讀的習慣，甚至是熱愛閱讀，便可以在學習歷程自述中寫：「高中三年，我每週都會閱讀一本課外讀物，並且寫成心得，目前已經累積了上百篇的閱讀心得。」如此一來，當教授對同學的閱讀能力感興趣時，就有可能會點開我們在多元表現中有關「閱讀心得」的檔案。這種關鍵字串聯的方式，可以非常好的連結整份學習歷程檔案，讓讀者記住我們所設定的個人標籤。

➋ 敘事技巧串聯

說故事永遠都是不敗的引流策略。一篇好故事可以讓讀者產生完整的情境串聯，將讀者帶到我們希望他前往的地方；我們可以透過預告情境的方式，激發讀者的好奇心，促使他們去翻閱其他相關檔案。曾經聽過一位同學分享，他在自己房間的床底下，養了很多的蟲，因此雖然他的房間有冷氣，但他從來不開，因為他要確保床底下的蟲可以生活在最適合的溫度與溼度……我當時聽完頭皮都發麻了，雖然很難想像在床底下養蟲是什麼感覺，但他所敘述的這個情境完全將我帶進了那個房間，光想就覺得全身發癢。

③ 主打特定項目

　　給太多資訊，就是等於沒給資訊。許多學生在寫學習歷程自述的過程中，都會有：「這樣會不會太少？」的疑慮，因此便把自己所有的經歷都塞進去，但這樣是很容易模糊焦點的，與其如此，不如好好地專注於描述一件事，才能提供讀者精準的閱讀方向。有一位學生非常喜歡策劃旅遊，他享受旅遊前做功課的感覺，於是他在學習歷程自述中表示：當他花時間做完這些旅遊計畫時，就感覺自己好像已經身處在當地了，因此就算後來沒有實際成行他也覺得沒關係。這位同學的學習歷程也很有意思：在課程學習成果中，有對於當地老街的旅遊行程介紹；在多元表現上，有帶著家人自助旅行的行程表，甚至還有當地必吃的50道美食（我當下就把這些美食資訊存了下來）……看到他一篇篇的旅遊行程，就好像是一份完整的旅遊指南，傳達出一種「讓任何人第一次旅遊就上手」的安心感。

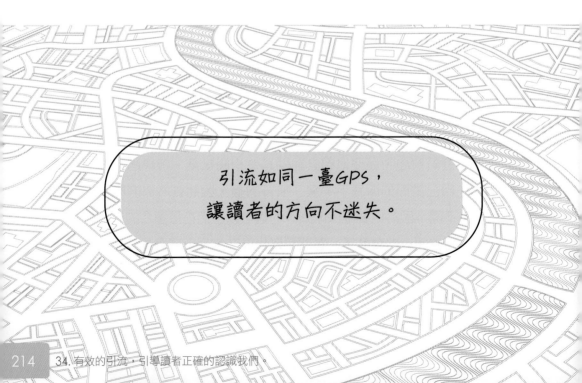

引流如同一臺GPS，
讓讀者的方向不迷失。

綜整性檔案不只要說服教授，更要說服自己！

如果一定要在學習歷程檔案中，挑一個最重要的項目，我會毫不猶豫地說：就是「綜整性檔案」！也就是我們常說的NOPQ。為什麼可以如此果斷？接下來我們將從此篇看見NOPQ的重要性，並且在後續的篇章中，筆者也會逐項說明撰寫綜整性檔案的具體方法與步驟。

個別性檔案、綜整性檔案基本介紹

「綜整性檔案」其實是筆者針對學習歷程檔案的類型進行分類的說法，並非官方的專有名詞；在學習歷程檔案中，我將檔案類型分為兩大類，分別是「個別性檔案」與「綜整性檔案」，以下分別介紹：

❶ 個別性檔案

指的是學生每學期上傳的「課程學習成果」與「多元表現」。這是針對一項特定或單一的學習活動，呈現學生的學習樣態與軌跡的書面報告，每學期有固定的上傳額度，這些個別性檔案上傳到中央資料庫後會進行封存，等到高三學生通過申請入學第一階段後（大約在4月），才會由學生自行決定要勾選哪些檔案給審查的教授看；這些檔案可以重複勾選，也可以單獨運用，決定權都在學生自己手裡，換言之，沒有經過我們的同意，沒有人可以看到我們所上傳的任何一份個別性檔案。

❷ 綜整性檔案

指的是N＋OPQ（N＝多元表現綜整心得、O＝高中學習歷程反思、P＝就讀動機、Q＝未來學習計畫及生涯規劃），雖然看似有4個項目，但實際上只能上傳2份檔案。N為單獨一份檔案，需要我們針對自己所勾選的多元表現檔案，進行800字以內綜整性的說明（技高申請雖然沒有明文規定，但目前800字是大家的默契）；OPQ的另一個名字叫「學習歷程自述」。N＋OPQ是學生在通過申請入學第一階段後，針對所通過的校系所製作的客製化檔案，主要是希望學生將高中階段的所有學習活動進行整體的綜整性說明；學生必須依照各校系的簡章，提供相對應的學生自述內容，並在完成檔案後上傳至「大學入學甄選委員會」，這是一個獨立的上傳系統。而相較於個別性檔案，綜整性檔案要提供的內容決定權在大學校系 —— 大學端要求什麼，學生就得提供什麼 —— 因此建議不要多給，也不要少附。

綜整性檔案的功能？

很多人問：「NOPQ可以寫勾選的學習歷程檔案中沒有的內容嗎？」關於這個問題，我們要先回來看看綜整性檔案的功能。

綜整性檔案的功能不是讓教授「了解」自己，而是要讓教授「記住」我們。就如前述不斷重複的，綜整性檔案通常是教授優先點開的檔案，原因在於我們在檔案中會以一個全面性的視角來介紹自己，包括個人特質、活動經驗以及專業能力……等，教授可以在最短時間內大致了解學生，而且光是不用一個一個點開檔案這種「省時間」的原因，就可以理解教授為什麼要先讀NOPQ了。教授剛點開檔案時的注意力通常是最集中的，但如果學生的綜整性檔案開頭不吸引人，隨著無聊的敘述、沒內容的自我介紹……，教授讀著讀著就很容易失去耐心，加上NOPQ的後面可能還有十幾份檔案要看，這份檔案最終很有可能難逃被淘汰或遺忘的結局；為了解決這種狀況，在前面的章節中，我們曾詳細說明過的下標題、寫內容的方法，這時就可以派上用場了，這些技巧都是為了製造記憶點，讓教授「記住」我們；學習歷程一旦有記憶點，就可能讓教授對我們的檔案庫多產生一分興趣、多一秒停留，也就可能比別人多一些勝算。知道這個邏輯後，就可以明白一件事：「有沒有多寫未勾選的學習歷程並不重要，內容是否有記憶點才是我們該在乎的。」

如何創造綜整性檔案的記憶點？

對於學生而言，製作綜整性檔案的核心目的在於有效地塑造學生的個人形象，並透過這份檔案在教授心中留下鮮明的印象，從而在眾多申請者中脫穎而出。然而，常見的問題是許多學生將綜整性檔案當作個別性檔案來撰寫，導致內容過於瑣碎且缺乏重點，使得檔案讓人難以留下深刻印象。

35. 綜整性檔案不只要說服教授，更要說服自己！

那怎麼樣才是更好的寫法呢？綜整性檔案應該著重於創建「記憶點」，這意味著學生需要在檔案中突出其獨特性，使得教授在閱讀時能留下深刻印象；筆者過去服務的學校，在疫情之前，每年都會帶學生前往緬甸進行服務學習。以前我覺得去緬甸很特殊，直到我聽到別的學校會帶學生去泰國、菲律賓，我才明白，這些都只是「活動名稱」。教授不會因為同學去過哪個國家服務，就得給我們高分，因此我們需要做的，是在這些活動中加入自己的個人標籤。

曾有位學生高二時去緬甸參加服務學習，他在自傳中所描述的經驗，至今讓我印象深刻。「在一週的緬甸服務中，第4天安排要探訪學生的家庭。當我踏進受訪者家門時，腳下傳來難以想像的觸感：『居然沒有地板！』這些家庭貧窮到每天必須在泥土堆中生活。我踩著這些泥土回到臺灣的家，才知道我有多幸福。希望未來有機會可以再回緬甸，成為讓他們心裡感到踏實的地板。」家中沒有地板這件事讓我衝擊太大了，這個細節讓我確實感受到了當地的貧困，讀完後全身雞皮疙瘩都起來了，而這個記憶點到現在也依然深深印在我腦海中。

不只給教授看，更是給學生自己看的！

曾經有學生跟我分享：「我覺得寫完學生自述後，我更明白自己為什麼要讀這個科系了！」

製作綜整性檔案需要學生從過往參與過的活動中，提煉出自己的生命特質，透過反覆回顧自己在每一個學習活動中的成長與失敗、習得的技能與想法感受，不斷地「整理自己」，而得以在這個過程中逐漸形塑出自己的價值觀。比起想方設法讓教授知道自己有多厲害、多適合就讀該科系，

我們更需要的是 ── 明白自己真正的樣子。我們可以有千百種的寫作方法與技巧，但這些都比不上我們對自己「本質」的認識與展現，就像在YouTube經營上，最好的人設就是「做自己」；完美人設是不存在的！意圖營造完美人設只會讓自己演得很辛苦，而觀眾也會看得很痛苦。

筆者每年都要看至少200份的學習歷程檔案，但其中讓人感動的只有少數「有靈魂」的檔案。我明白在寫學習歷程檔案時，如果有範例可以參考會比較安心，但學長姐的資料真的都是「優良範本」嗎？如果同學像我一樣，每年都要看大量學生作品的話，便會發現那些可以被放在輔導室的優良範例，都只是因為他們上榜了，並不是這些學習歷程做得特別出眾。筆者並非反對同學觀摩學長姐的資料，只是希望同學記住一件事 ── 參考完別人的檔案以後，我們的目標是要寫出與眾不同的內容。

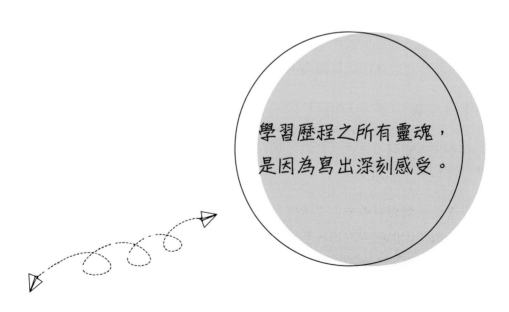

學習歷程之所有靈魂，
是因為寫出深刻感受。

重中之重的 O 檔案

前一篇提到學習歷程自述，筆者認為可能是最重要的學習歷程檔案，而當中最重要的項目，就是「高中學習歷程反思」，代號O（以下用O檔案代稱）。O檔案的意義其實非常接近我們以前所說的「自傳」，主要就是讓教授快速認識學生的整體樣貌。我之所以會認為O檔案是檔案中的重中之重，主要是因為「閱讀順序」；目前大部分的校系都要求學生提供O檔案，因此普遍來說，教授打開學習歷程評分系統後，第一個看的檔案通常不是修課紀錄，就是O檔案（修課紀錄是量化資料，幫助教授評估學生是否有能力負擔校系的課業；而O檔案則是可以幫助教授快速且全面向的初步了解學生）。

在有極高機率成為「教授第一份閱讀的檔案」的前提下，在O檔案設置「個人標籤」是最好的，如果一名學生的十多份檔案中，都可以呼應這張個人標籤，就很有可能營造出一個專屬的「人設形象」，也就是

說，除了在校成績以外，O檔案幾乎可以說是教授認識學生的起點，並很可能會是一路影響到終點的關鍵資料。

O 檔案的迷思：「只求不失分」

或許是知道O檔案很重要，大家都希望寫出「不失分」的內容，因此學生的O檔案逐漸演變成追求一個標準化的格式，經常只打安全牌，直接套用學長姐或網路上的模板。

「不失分」真的是上榜的保障嗎？你知道為什麼蘋果手機的利潤會是其他手機的13倍嗎？其他手機品牌在功能差異不大的情況下，為什麼大多都不賺錢、甚至還有可能賠錢？在銷售的領域中，一個創意90分的精品有機會拿到70%以上的市占率，而70分的產品，卻只能拿到30%以下的市占率。為什麼？因為可以做到70分的人太多，做出來的產品也容易很相似、沒有個人特色，所以為了賣出自家的產品，這些商家便可能推出競價、降價促銷等行銷策略，消費者為了追求CP值也會進行比價；而可以做到90分的企業，可能是市場中的少數，或者擁有某項別人無法競爭的特質，因此消費者為了得到這個獨特的商品，單價再高都願意買單。同理，如果我們的O檔案套用模板，那很容易變成只是被人家比價揀選的產品；相反的，如果我們的O檔案擁有別人無法取代的專屬特色，剛好又是科系需要的，我們的價值就會瞬間升級，變成「高級精品」。

過度完美的 O 檔案，反而讓人懷疑真實性

筆者有位學生在面試時，教授問他：「你的資料很有特色，都是自己做的嗎？」雖然呈現最好的學習歷程檔案是學生所追求的，但我們也得相信，教授是絕對有能力看出我們資料是否透過委外代工；其實就算不是教授，一般人大多也都能判斷出該份資料是不是高中生寫的，原因在於呈現上是否「過度完美」。

所謂的「過度完美」並非「只講好表現，不提壞經驗」這麼簡單，而是整份資料的表現方式，超過一般高中生能力所及的程度太多；例如：使用過於專業的詞彙、毫無錯誤的格式，或者過於高級的企劃等等。有位外文系的教授跟我分享過，當他閱讀學生的英文自傳時，如果發現某位學生內容過於嚴謹、文法毫無錯誤，反而會讓他提高警覺、仔細評估這份檔案的真實性。

其實教授們最終的目的並不是想看學生能夠呈現多好的檔案，而是希望透過檔案「完整」的認識學生。筆者經常看見學生的資料沒頭沒尾的就蹦出一句：「貴系是我最愛的科系」，這就像跟一個陌生人告白一樣，很容易讓讀者感到莫名其妙，但卻也因為這些表現手法上的缺失，某種程度上反而可以呈現出學生真實的樣貌。在輔導學生寫學習歷程檔案時，我通常只會問「為什麼？」來引導學生找到自己的亮點，以及自身經歷與科系的關聯性，但我從來不改錯字、不刁格式，為什麼呢？因為這些小地方的缺失，就是學生程度的展現；語句不通順？那就是學生本身文字編輯與表達能力上的限制；過度精雕細琢，那呈現出的就是老師修改的程度，而非學生的真實樣貌了。

O 檔案的呈現建議：沒說不可以的，都可以寫！

只有少數的大學校系對於O檔案有格式限制的規定，但相關訊息都可以在簡章及校系官網上找到，同學按照規定去寫就可以了，不必太過擔心，因為這些規定通常只是規定字數限制，以及提供學生製作方向建議，總體而言，各校系對於學生要如何呈現O檔案，自由度還是很高；因此，只要簡章上沒說不可以的，都可以寫上去。

既然呈現方式沒有太多限制，筆者個人會鼓勵同學盡量展現創意 —— 考慮到教授重複看到許多類似表現形式的檔案，所產生的「閱讀疲乏」，以不同形式表現通常會使人印象較為深刻 —— 筆者過往輔導的學生有用桌遊、訪談、繪本，甚至一頁式網頁的概念呈現O檔案；雖然內容上可能跟其他申請者差異並不大，但最終呈現出來的效果都還不錯。

但別誤會有創意就無敵，真正重要的還是內容。要寫出令人印象深刻的O檔案，以下提供3個原則給同學參考：

① 直接具體

開場直接把自己最可以拿來說嘴的事蹟提出來,最好可以用這個事蹟貫穿整篇O檔案;就算無法貫穿,先寫出來至少可以確保教授一定會看到。

② 與科系相關

所參與的學習活動盡量找到與科系關聯的地方,但要注意,並不是以科系所需的特質為核心,而是要以「個人標籤」為核心,去貫穿整份O檔案;大部分學生都會想辦法把活動跟科系做連結,但筆者建議,應該要串聯活動與自己的個人標籤,而這張個人標籤又與科系高度關聯,如此就可以產生跟其他人差異化的內容。

③ 別人寫不出來的內容

這裡就要講究細節的描述了,同樣的活動可以因為細節描述的不同,產生出不同的效果。

> 檔案格式的自由度愈高,
> 學生程度差異就愈明顯。

舉出一個案例說明以上3點：

　　有位學生阿德（化名）想要申請中文系，他的O檔案第一句就是布袋戲的對聯臺詞，接著說自己最喜歡看布袋戲；他寫道：小時候的他，看布袋戲都在看打鬥鏡頭，但隨著年紀增長、國文能力提升，便開始去研究布袋戲的臺詞，接著針對某幾齣劇目的臺詞進行賞析 ─── 中文系不就是在做這件事嗎？對於文本的賞析研究 ─── 這些賞析完全可以看出阿德對於文本的解讀能力與對文字的熱情。為何選布袋戲？因為這是阿德真正喜歡的事物，檔案中所呈現的文章賞析只有阿德寫得出來，是無法被他人取代或模仿的。

　　以「布袋戲」作為切入點，將「布袋戲臺詞賞析」設置為個人標籤 ─── O檔案以這樣的內容破題，完美掌握以上3點內容概念；至於家庭背景或其他活動要不要寫？我的看法是：「沒有不能寫，只是無聊的內容不要放前面。」

高中學習歷程反思第一段就決定勝負｜別再用老舊自傳寫法｜
片尾獨家寫法無私分享｜學習歷程自述首部曲｜47 雲端輔導室
https://www.youtube.com/watch?v=ErdRZwQblvI

37
單點式就讀動機（P），持續性動機就很不簡單

寫起來很簡單，

學習歷程自述中，第二個項目「就讀動機」，代號為P，以下用「P動機」代稱。P動機也是大部分校系會要求學生提供的檔案之一，主要核心目的在於傳達學生為何要選擇該科系。為何筆者會把P動機的重要性擺在O檔案之後呢？主要原因是大多數學生在撰寫學習歷程自述時，會下意識地按照「O→P→Q」這個順序編寫；然而同先前提過的，放在最一開頭的檔案可以獲得比較多的注意力，因此，如果我們把P動機放在最前面，那P動機就可以獲得最多的注意力，重要性也隨之提升。或許同學會問：「可以這樣亂改順序嗎？」，我們仔細思考一下：「為什麼一定要按照OPQ這個順序呢？」其實在學習歷程自述這個項目中，幾乎沒有大學校系表示「必須」按照「O→P→Q」這個順序來寫（甚至把這3個混在一起寫我也覺得沒問題）這就是我們在前一個篇章提到的「自由度」，因此筆者再次強調，除非簡章中有明確表示，不然我們是可以自由編排學習歷程自述的。

我通常會建議學生，可以一開始就說明自己想就讀該校系的原因，也就是先寫P動機，這樣對於整份學習歷程自述的書寫上會比較有感覺。為

什麼這麼說呢？我們思考一下，教授對於以下哪些內容可能會比較感興趣呢？是我們過去參加過的活動？家世背景？還是選擇該校系的動機原因呢？應該是動機吧！比起劈頭就說自己是某某代表、ＸＸ冠軍，不如先說明申請該科系的動機，再透過我們的精彩事蹟來證明自己適合就讀該科系……這樣的編排比較合理，而且以動機為核心開始描述自己的豐功偉業，書寫起來也比較有重心。

　　筆者曾有一位學生俊傑（化名）想要申請政治系，他本來以「連續6年擔任班長與兒少代表」作為個人標籤，來撰寫學習歷程自述，但寫完後他卻覺得這份檔案看起來好像只是一直在吹噓自己的經歷，感覺很沒說服力，便詢問我該如何能夠在檔案中呈現自己的優點，又不要顯得太吹噓、不實在，於是我請他把想讀政治系的原因放在檔案最前面試試看，這是因為俊傑想就讀政治系的原因，是想為一些弱勢兒童發聲、為他們爭取權益；過去擔任兒少代表時，俊傑就嘗試發起相關活動，也運用自己犀利的表達能力、強而有力的領導風格，順利地為弱勢兒童爭取到不錯的資源，因此當俊傑把自己「想為弱勢兒童爭取權益」的動機放在開頭，再針對動機提供過去擔任兒少代表的種種經歷，來證明自己的能力與優勢，說服力是不是就大多了呢？

P 動機雖然好寫，但不容易獲得信任

其實學習歷程自述的3個項目中，P動機是我最不擔心的內容，因為同學通常會有一個真實的申請動機可以寫，而且寫出來的內容區別度也算高；就算這個動機陳腔濫調到不行 ——例如：想讀醫療相關科系是因為某位家人生病過世、小時候喜歡拆解零件所以想讀理工科系，或是因為遇到某位老師、喜歡小孩所以想走教育……這些老派動機我覺得也沒問題 —— 畢竟，同學可能真的就是因為這些原因，而產生想進入該領域深入學習相關知識的想法；因此，比起那些看起來大同小異、只是在吹噓自己有多優秀的O檔案，教授們可能更有意願看P動機。

那我們的P動機要怎麼寫才可以提高信任度呢？蠻多同學的P動機其實不太合理，比如最常見的就是：「因為家人從事相關職業，所以想進入這個科系就讀。」，這個動機最大的問題，就是沒有把「家人的職業」跟同學「科系選擇」之間的關聯性說明清楚，導致同學的P動機看起來令人匪夷所思；曾經看過有學生想申請醫學系的理由，是因為也是醫生 —— 不對欸！爸爸是醫生跟你想念醫學系有什麼關係？家人從事相關職業，可能只是讓你對這個行業比其他人多一點點理解，作為動機相較之下比較薄弱；試想一下，如果另一位申請醫學系的同學在檔案中，表達自己長期跟教會去參加雲南的義診團、做過哪些服務，那前一份「只因為爸爸是醫生而想就讀醫學系」的檔案，說服力豈不是少很多嗎？

37. 單點式就讀動機（P）寫起來很簡單，持續性動機就很不簡單。

用「持續」的填補劑，填滿不合理的坑洞

增加P動機的說服力，是非常必要的，因為大多數人都會有一個真實的動機，那動機的「題材」就可能會左右讀者的印象；例如：小明因為受到學校輔導老師的影響，所以讓產生想讀心理輔導類科系的想法，動機很合理，但也很普遍；而另一位同學小華，因為研究「手遊成癮」這個題目讓他想讀心理系，因為在寫這篇小論文時，小華發現這些遊戲公司會僱用心理專業的人員，利用心理學的原理去設計遊戲機制，讓玩家花更多時間在他們的遊戲上，進而也就使玩家很容易陷入成癮的漩渦中，面對這種專業的團隊，一般的家長、老師想要讓學生遠離手遊，幾乎是毫無辦法……看完以上案例我們可以知道，雖然小明、小華都有各自真實的動機，但我們很難不被小華的「題材」吸引吧？這種經歷有別於普遍的動機，吸睛程度通常比較高。

但如果動機真的很老派怎麼辦？要編一個嗎？其實不需要，「真實」永遠是最好的選擇；無中生有的內容，不僅容易漏洞百出，還很可能過不去自己的那一關；而且別忘了還有面試，如果因為太吸睛而被教授記住，結果到面試現場卻答不出有深度的內容，那很有可能得不償失，因此這麼做的風險是非常大的。你有想過嗎？為什麼有些人的動機會這麼吸睛？那都是因為他們有非常深刻、甚至痛苦的經驗 —— 筆者之所以會當輔導老師，是因為爸爸是思覺失調加躁鬱症的患者，過去甚至曾經因為爸爸發病而差點有生命危險，又因為爸爸生病而

需要在療養院住院，長達5年沒有收入，媽媽必須身兼三職才能養活一家大小。如果沒有遭遇過這種經歷，要比慘幾乎是比不過我的，因此我的動機之所以隨便寫都比任何人吸睛，是因為我有過深刻且痛苦的經驗——既然如此，那只有老派又無聊的P動機該怎麼辦？

　　「持續」是提高動機說服力相當有用的方法。什麼意思？大多數同學的動機都是因為單一的「一個點」，影響後來的選系動機，就像是前面提到的「因為家人生病所以想讀醫療」、「喜歡拆解零件想讀理工」、「受到某位老師影響或喜歡小孩所以想念教育」等，這些都是「單點式動機」。這種單點式動機不太容易說服讀者，因為只是「因為某一個因素」而讓人想要投入某個領域一輩子，感覺不太合理，中間需要補充的線索太多了，就像一面匆匆搭起來的磚牆，有太多縫隙需要填補；要填補這些縫隙，「持續」則是很好的填補劑。為什麼？因為要做到「持續」本身就不是件簡單的事，必須得要真的對該領域有興趣，才能堅持下去；因此就算同學的P動機在題材並不那麼吸引人，如果能在「老派動機」這面牆壁上，補上「持續」的表現，就可以完整填滿這些不合理的縫隙。那該如何表現「持續」呢？我們可以從強度、深度以及廣度3種面向，擇一來表現我們的持續行為，以下用案例來解釋說明：

> 吸睛的題材是來自生活的經驗，
> 老派的動機用持續來通過考驗。

37. 單點式就讀動機（P）寫起來很簡單，持續性動機就很不簡單。

1 強度

比如：「為了做好一臺90公斤的機器人，連續7天，每天只睡2小時。」這種屬於短期、高強度的持續表現，通常帶給人的衝擊感很強，就算題材相對常見，教授也還是能透過這個經歷，感受到學生對於該領域的熱愛程度。

2 深度

比如：「長達3年在教會課輔班教導小朋友寫作業。」雖然不是什麼爆炸式的內容，但學生如果對此沒有熱情，大概也很難堅持這麼久，這個經歷便因為「長時間投入」而成為穩定而有深度的動機。

3 廣度

比如：「因為對心理學有興趣，參加過相關的工作坊、閱讀大量的心理學書籍、先修大學的線上課程，並且規劃社區長輩的關懷活動等。」像這樣多方面的相關經驗，呈現出學生對同一個主題的探究與行動，也非常能展現P動機的合理性與說服力。

只差一步打造強烈動機｜一招提升申請動機的合理性｜
47 雲端輔導室
https://www.youtube.com/watch?v=ipjx7ayDWe8

時間軸式讀書計畫可以不用花太多時間

前面提到108年時筆者跑去念了研究所，開始了「學習歷程檔案評量尺規建構的研究」，當時我一共訪問了6位教授，包括外文、法律、資工、機械、心理以及營養學系等領域，期待從這些訪談資料中，歸納出大學教授評分學習歷程時的共通性原則，並試著設計出一套所有系所都可以套用的「通用型學習歷程檔案評量尺規」，希望讓學生可以針對自己的學習歷程進行初步自評。

通用型學習歷程檔案評量尺規下載點
https://www.ajesus1412.com/elementor-27192/

當時在歸納教授對各類學習歷程評分原則的過程中，發現教授們對於「讀書計畫」這類的檔案，都感到非常的「無奈」，因為不管申請什麼樣的校系，學生的讀書計畫都長得非常相似 ——— 皆以「近程、中程、遠程」的框架撰寫：近程都寫讀英文（就算是申請日文系的也會寫要讀英文）、中程就寫認真讀完系上課程、遠程寫讀研究所或就職 ——— 95%以上的讀書計畫都長得一模一樣，當時接受訪談的教授都表示：看到這類時間軸的讀書計畫，幾乎看一眼馬上就略過了。根據筆者的研究成果，學生的檔案在「讀書計畫」這個項目的分數

落差最小；如果同學在讀書計畫的書寫上沒有太多想法，那建議就不用花太多時間，簡單寫寫就好，分數差異都不會太大；但相反的，如果同學想要在讀書計畫中，加強教授對自己的印象、增加面試時的提問，那希望同學可以好好閱讀完以下的內容。

創意不一定會加分，但絕不會因此扣分

讀書計畫是學習歷程自述中的第3個項目，全名是「未來學習計畫及生涯規劃」，代號Q（以下用Q計畫代稱），主要是呈現學生於大學階段的學習規劃，以及未來生涯發展方向；比起前面的O檔案、P動機，參採Q計畫的校系數量略少一些，原因可能是學生所提供的內容區別度不高，但總體而言要求提供Q計畫的校系還是很多。因此，既然大多數人的Q計畫都差不多，我們只要稍微用心一點、加點創意，就很容易成為特別的存在。

在同學過去的求學生涯中，可能不一定有培養做計畫的習慣，因此在寫Q計畫時，只會簡單地用列出時間軸的方式，安排什麼時間點做什麼事，就成為計畫的雛形；這個寫法本身並沒有不好，但是因為太多人都使用相似的寫法，就算同學有非常好的計畫安排，也可能被教授略過，這是非常可惜的，因此我建議以「跳脫時間軸式的讀書計畫」來改善這種狀況。

筆者當輔導老師第2年的時候，就有申請設計系的學生把Q計畫以大腦圖示呈現。當時我還是菜鳥，也不知道這樣做是

否可行，於是我把這份Q計畫給同樣是設計系的學長看，學長看完後覺得很奇怪，而且擔心字太小可能不好閱讀，建議還是用傳統方式呈現；這名申請設計系的學生聽完建議後想了一晚，最後告訴我：「老師，我還是想這樣呈現，因為我覺得我的方式很特別，沒有人會跟我一樣。」我就回他：「對啊！我也覺得這樣很屌，不然我們就這樣交出去吧，沒上就算了。」學生思考後也同意了。最後這位同學一共正取了5所校系；其實仔細看看，這也是時間軸的讀書計畫，但這樣的表現手法並不影響錄取與否，也就是說——創意不一定會加分，但絕不會因此扣分。

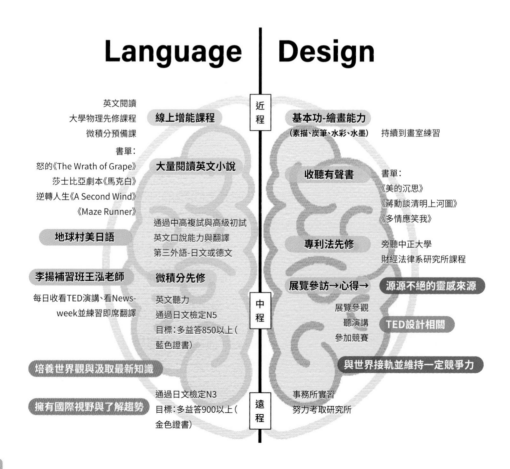

38. 避免讓未來學習計畫及生涯規劃（Q）變成沒有區別度的多數

讀書計畫反過來寫，更合理

　　雖然我鼓勵大家在Q計畫加點創意，跳脫既有框架，但這也不是這麼容易就能做到的 —— 時間軸的概念之所以被大家廣為使用，一定是有原因的，比如好寫、容易理解等等 —— 如果同學思考許久後，依然想不到其他更好的呈現方式也沒有關係，這邊建議同學可以將Q計畫反過來寫：先寫未來想做的事，因此需要就讀該校系深入了解該領域相關知識，並且依據未來的生涯目標規劃自己的大學課程選修；最後說明高中最後的暑假，可以做哪些預備……這個寫法在整體內容呈現上會更加合理，也十分具有說服力。

　　美琴（化名）是一位新住民子女，她想申請護理系；本來美琴也是用傳統時間軸的方式呈現Q計畫，晤談時我詢問她念護理系以後想做什麼？美琴告訴我，因為她的媽媽是越南人，而曾經跟媽媽回到家鄉時發現當地的醫療資源不太足夠、設施也不是很完善，因此美琴便希望可以在臺灣學習護理相關知識後，回到越南開設療養院；有了這些資訊後，我便建議美琴這樣寫Q計畫：

① 遠程

先詳細說明到越南開療養院的生涯目標與理由。

....

② 中程

　　因為未來要開設療養院，所以大學必須念護理系，在這部份學生把自己在護理系的課程規劃詳細說明；而除了本科系以外，考慮到未來可能會擔任管理職，所以管理的技能或知識也是需要學習的內容，那選擇雙主修企業管理就很合理（許多同學的課程規劃都沒有說明理由，只是一股腦說要雙主修，無法展現學生自主學習規劃安排的能力）。

....

③ 近程

　　利用高中最後的暑假，做一些預備大學課程學習的事，可以是與科系專業相關的學習、自我能力的提升，或者是實際的行動。美琴就利用這個最後的暑假，安排了一場火車環島之旅，除了體驗不同地方當地人的生活以外，還參訪了幾所療養院，為自己日後的生涯目標做更完整的釐清。

少數人可以使用的：專案式讀書計畫

　　這個概念是來自於申請研究所時需要提供的「專題研究計畫」。如果同學在高中時期就有針對特定領域進行深入研究，並且期待自己在大學也可以持續這項研究，便可以考慮跳脫時間軸的概念，改以提出專案式的研究計畫──在Q計畫中，提出準備在該系所持續研究的專題架構、研究方法等，並且具體說明未來如何透過該系所的資源，完成這份專案──這是一種以「研究計畫」為核心的寫法，內容需要有具體的步驟、完整的規劃以及明確的方向，以這種方式寫Q計畫的同學，要有在面試時會被教授提問的心理準備。一般學生過去沒有足夠的研究經驗，這種形式的Q計畫不用勉強嘗試；但如果有研究能力的學生，可以試著提出專案式讀書計畫，相信是一種會讓教授多看兩眼的呈現方式。

> 用生涯目標貫穿讀書計畫，
> 　　　以具體行動實踐自主學習。

顛覆三觀的讀書計畫｜倒著寫更厲害｜
近程計畫寫打電動你敢信？｜ 47 雲端輔導室
https://www.youtube.com/watch?v=wpldRm6aSHo

關於「多元表現綜整心得」的常見問題

學習歷程檔案與傳統的書審資料最大的差異除了「百字簡介」以外，就是「多元表現綜整心得」了。一旦出現新名詞，大家就會很慌張，希望可以快點找到一種通用的解釋，於是負責審查資料的大學教授就成為被期待說出正確答案的人；但其實在108課綱剛開始實行時，許多教授對於高等教育以下實施的課綱不一定熟悉，面對媒體記者的提問，就只能「顧名思義」——看到「多元表現綜整心得」這個名詞，就解釋成：「針對勾選的多元表現，寫出學生學習到的知識或收穫，以及寫出學習心得。」看起來沒錯，但這樣的解釋合理嗎？

所謂的「多元表現綜整心得」，是在學生考完學測、通過後第一階段篩選後，針對勾選給各系所的多元表現，所提供的一份「綜整性說明」，代號N（以下用N心得代稱）。N心得要上傳的地方在「大學入學甄選委員會」，並且有800字、3張圖的限制（技高並沒有明確規定，但這限制已經是默契所在）。對於這種新名詞的出現，這幾年實行下來大家有很多的疑問，以下總結4個常見問題：

1 **3 張圖的定義？**

2 **圖片內的文字算在 800 字嗎？**

3 **超過字數會怎麼樣？**

4 **N 心得跟學習歷程自述（OPQ）有什麼差別？**

　　許多人一開始聽到只能放3張圖片、字數限800字，就開始問道：「2張照片合併可以算1張嗎？」、「圖片內的文字會被計算嗎？」我很驚訝大家居然會因為這些支微末節的問題而感到焦慮，但是因為當時剛開始實行，沒有人知道這些規範會執行到什麼程度、也沒有相關單位公開解釋或說明，一切只能等到第一屆考生跑完所有流程，我們才會比較清楚這個制度設計的完整面貌，因此無論是考生、家長或是學校老師，在這個過程中所產生或大或小的種種焦慮，其實都是非常合理的。讀到這本書的同學是幸運的，因為108課綱已經跑兩輪了，我們已經可以從過往的經驗來處理這些疑問。

　　以上列出有關於N心得的疑問，我們可以從教授的「學習歷程評分系統」獲得解答。在111年，首批108課綱的考生考完後，筆者做了一份問卷調查，企圖透過使用者的體驗，反向推敲出N心得的真正樣貌；根據問卷調查結果，我發現一個驚人的狀況，那就是N心得沒有字數審查機制，只要學生的檔案在系統限制上傳的容量以內，不管在檔案中寫了800字或8000字，都可以傳得上去。這部分就很令人納悶了，難道是要大學教授自己判斷檔案是否超過字數限制？沒道理啊！

教授這麼忙，怎麼可能去數學生寫了幾個字？而且翻遍各種資訊，也沒有任何資料提到超過字數限制會怎麼樣。於是我後來也發了問卷邀請大學教授填寫，有19位教授回覆，其中關於N心得的提問是：「你有發現學生的N心得超過800字嗎？」大部分的教授都回答：「看得出來。」也就是說，上傳系統不會把關，全部都是由教授自行判斷。

最終筆者得到的結論是：N心得850字以內都是可以接受的範圍，過多就容易被看出來。圖片因為限制只能有3張，很好判斷，而且照片合併起來也看不清楚，就不建議同學合併照片。至於照片內的字是否算在字數限制中？我認為不必過於糾結，因為字數超過一些並不會影響教授評分，何況也不會有人去慢慢數。

N 心得千萬不要寫「心得」，太浪費了！

小問題解決後，接下來才是重點 ── N心得到底要寫什麼？把N心得拿來寫心得絕對不是一個好答案；之前我們在說明百字簡介的篇章中已經知道僅僅用100個字的篇幅來寫心得有多難了，現在我們勾選了10項多元表現，那平均一個活動只能寫80個字，那就更不可能了吧！況且，我們已經在每一份多元表現中詳細地寫下心得，為何還要在N心得檔案再寫一次？許多同學也都在寫N心得時，發現所寫的內容跟OPQ重疊率很高，不知道應該怎麼處理，於是我製作了以下這支影片，幫助同學解決這個問題，這支影片也成為我們頻道中，觀看數最多的影片（可掃下方QR Code觀看）。

我發現多元表現綜整心得的秘密啦！
800 字拿來寫心得太浪費了｜ 47 雲端輔導室
https://www.youtube.com/watch?v=g_Xp_js2sUA

　　同樣的，在開始寫N心得之前，我們也要先來思考N心得的功能是什麼？如果想透過N心得來讓教授了解我們勾選的多元表現，其實是不切實際的；光是透過一篇完整的個別性檔案，都不一定能清楚傳達我們的學習過程，何況是要用800字針對6到10篇的多元表現進行綜合介紹；其次是，逐項介紹我們所勾選的多元表現，很容易會變成流水帳，讓讀者難以耐得住性子閱讀完全文。筆者曾經跟一所大學的教授分享學生的N心得內容，那份檔案就是採取「每項活動都介紹一點」的寫法，當時教授看到就翻白眼了 —— 那是我第一次這麼強烈感受到教授審查檔案時的無奈感。

N 心得就像是有主題的廣告傳單

為了幫助同學解決N心得的寫作問題，我開始思考N心得的定位是什麼？—— 像這種新出現的名詞，其實沒有所謂的標準答案，只要說得通就可以 —— 製作這支影片當時，我把N心得定位為「提升教授點開分項多元表現衝動的工具」，因為學生既然花了這麼多心力在寫每一份多元表現，如果教授不點開就太可惜了，所以當時我在影片中示範了「個人標籤串燒法」，透過一個主題串聯起所有的多元表現，並且提醒教授，哪裡可以看相關的活動企劃書、哪裡可以看完整報告等等；但現在我們知道了「教授每份檔案都必須得點開20秒」這個規定後，我會把N心得定位調整成「個人標籤的宣傳品」。

一張好的廣告傳單，只能主打一個主題，如果同時宣傳多種品項，那只會被當成廢紙拿來包便當；然而，如果這些不同品項同時圍繞同一個主題，那反而可以達到很好的宣傳效果；例如：「OLAY歐蕾」這個品牌的旗下雖然有非常多主打不同效果的保養品，但品牌核心就是「讓你的美麗時光停留在現在」，而品牌也從這個核心出發，研發了從頭皮到腳皮的各式保養品，那消費者買的就不只是面膜跟眼霜，而是「美麗停留的瞬間」。同樣的，短短800字的N心得就像是我們多元表現的廣告傳單，主題就是我們的個人標籤；也就是說，同學可以選用多元表現中適當的素材為自己的個人標籤進行佐證，但不需要刻意提及每一項勾選的多元表現，只要確保寫到的多元表現都是圍繞個人標籤的敘述，就可以有效的為自己宣傳，讓教授記住我們。

面面俱到只是無效廣告，
主題圍繞才是有價介紹。

40 不是很重要的「美編排版」小提醒

最後這個篇章，我們要談一個筆者個人認為不是很重要，但是同學卻很關心的「格式排版」問題。必須得承認，有比較好的版面安排對於讀者來說，的確會有比較良好的閱讀體驗；每年在看學生的資料時，有用心排版的檔案，我的印象分數確實會比較高，因此有時我也會提供一些排版的建議給同學，例如：魚骨圖、心智圖等等……但為何對外，我始終不特別強調排版的重要性？原因在於擔心造成讀者的「期待落差感」。

如果一份檔案編排得非常精美，其實會拉高讀者的期待值，讓人下意識認為這份檔案應該也會很有內容；但根據經驗，精緻的排版與內容的含金量不一定成正比，而且不可諱言的，其中很多檔案的內容其實很空虛。然而，期望愈大，失望也愈大，一旦讓讀者產生期待落差，他們就很容易失望離開，就像是我們看YouTube影片時被標題或縮圖吸引，結果點進去發現內容很無聊，或者講了10秒還沒講到重點，觀眾就會頭也不回地離開；一旦次數多了，便會讓YouTube平臺判定這個頻道的影片無法讓觀眾停留，於是未來也不會再推薦這個頻道的影片給觀眾，那這個頻道就等於廢掉了；同樣的，在學習歷程中，精緻的美編只是加分項，內容的重要性永遠優先於排版。

維持最低程度的排版樣式即可

　　內容並不一定會因為排版精緻度而有分數上的差異，舉例來說，之前筆者曾輔導過要申請同一所學校法律系的兩位同學，一男一女。這兩位同學的檔案在內容上我們都已經經過來回討論，內容含金量都很高，也各自都很有個人特色；兩人中女生在排版上比較有概念，所以檔案看起來蠻精美的，而男同學就比較辛苦了，排版完後的樣子奇醜無比：字體不統一、背景底色也不好看，非常妨礙閱讀，於是我就請他用白底黑字的論文基礎格式（大標16，小標14，內文12，行距1.5倍）重新排版一次；結果，最後兩位同學的書審資料分數一模一樣。

　　總而言之，排版的目的，只是幫助讀者有更好的閱讀體驗，因此如果沒把握，論文格式的白底黑字是最安全的做法。我無法告訴你哪種排版方式比較好，但同學可以參考以下幾點，大致就能達到排版的最低要求：

① 字體統一，底色對比

　　首先在字體選用上，使用過多不同字體會造成凌亂的閱讀感，而過於藝術的字體也需要謹慎使用，以免妨礙閱讀；其次是底色的配置需要注意，許多同學喜歡用淺藍底色，搭配黑色文字，但這樣對比不強烈，讀起來其實很費力，因此如果同學不擅長配色，建議白底黑字是最安全的。。

② 文字顏色不要超過 3 個

可以理解同學會想用不同顏色的文字來凸顯某些重要的內容，但過多的顏色容易造成讀者不適，建議以不超過3種顏色為原則。

③ 避免使用浮水印

有些同學會把校徽做成浮水印放在文字後面，但這麼做很可能會妨礙教授閱讀文字，如果真的想放，可以考慮放在檔案角落，以不影響內文閱讀為主。

④ 簡歷一頁就好

雖然同學會希望把自己每個好表現都放進檔案中是很合理的，但今天我們要做的既然是「簡歷」，材料就需要精挑細選，放與科系相關或重要的活動即可，地址、生日這類訊息，沒有規定就不用特別放；另外，不一定要按照時間順序放，按照重要性排序效果會更好。

⑤ 大頭照

照片以「正面大頭照」為佳；有時會看到同學放側面藝術照或是戴口罩的照片等，這些都不太適切。大頭照要清晰正面，並且要注意，照片跟同學去面試時的樣子不能差異太大，比如大頭照是長髮，面試時變成短髮，這在身份認定上就有可能會產生問題，可以的話建議同學要盡量避免。

⑥ 左右對齊

　　打字換行的時候，每行字的長度有時會無法對齊，這時候可以運用Word中左右對齊的功能調整；雖然是很小的差異，但這對於有些人來說可能會看起來不太舒服，因此如果有餘力不妨可以注意一下這個小細節。

⑦ 畫重點

　　雖然並不是每個教授都需要同學畫重點，但在文章中標記一些重要的內容，對於閱讀還是蠻有幫助的。只是需要注意不要畫錯重點，很多同學經常將重點標記畫在無關緊要的形容詞上，例如：樂觀進取、完美主義等。畫重點的目的應該是讓讀者有意願繼續往下讀，因此應該畫在少見且專屬於自己的特殊詞彙或具體行動上；例如：「在部落格發表超過300篇投資文章」這句話就很值得畫重點，因為高中生要做到這件事不容易，像這種很需要讓教授看到或記住的內容，就必須畫重點。另外，也要注意重點不要畫太多，常常看到整篇有三分之一的文字都畫有標記，讓人根本無法判斷哪些是重點；建議每頁畫不超過3個重點為原則，才能發揮效果 ——— 有捨才會有得，捨棄次要的，才能讓讀者關注重要的。

⑧ 頁數多寡

「少比多好」是我的結論，可以用愈精要的文字，呈現愈重要的內容，才是高手的表現。曾經聽過一位教務主任分享，他研究所時協助教授整理申請資料，發現大多數申請者都寫10多頁，有一位只交2頁，但是教授看完就告訴他：「這個人懂很多，讀很多書，務必讓他來面試。」因此我建議同學，扣除掉小論文這種文稿附件後，每份檔案10頁就是極限，並且檔案如果超過5頁，就需要有1頁摘要。

⑨ 獎狀照片放最後

除非同學每一張獎狀照片都要獨立寫成一篇內容心得，不然建議將這些佐證資料放在檔案最後面，因為教授長期閱讀書審資料的習慣，看到這些獎狀就是準備要結尾了，如果你之後還有其他心得，則很可能被忽略。

⑩ 避免抄襲

在學習歷程評分系統中，有抄襲判定的功能，因此如果有引用網路或書籍等資料，就需要在檔案最後以正確的引用格式註記；另外，如果是小組報告，同組的成員都上傳同一份報告的話，也會被判定為抄襲，因此建議同學可以把小組報告作為附件，前面還是要各自獨立書寫一份學習歷程檔案。

直式檔案與橫式簡報的差異

　　學習歷程檔案筆者建議以「直式檔案」呈現較佳，因為在一般認知當中，橫式的版面是簡報，需要有人在旁邊說明，而書面報告大多以直式檔案呈現；直式檔案的好處是比較可以完整呈現訊息，而橫式簡報可以乘載的訊息量較少，頁數就會比較多、讀者閱讀起來比較有心理負擔。曾經看過一份橫式簡報的學習歷程檔案，看了7、8頁都沒看到重點，於是我就拉了一下捲軸，發現這是一份80頁的報告，於是便馬上退件給同學，告訴他這樣頁數太多，我看不完。當然也有人可以用橫式簡報做出10頁以內的精要內容，我也不反對，只要可以照顧到讀者的閱讀體驗，學習歷程檔案的呈現方式沒什麼是不可以的。

內容為王，格式為后；
　　清楚為主，美編為輔。

學習歷程問題懶人包

容易混淆的名詞解釋

◆ **學習歷程檔案**：高中三年上傳到校內系統的所有資料，這些資料教授都看不到。

◆ **課程學習成果（ＢＣＤＥ）**：課表內成果、需認證、需對應課程。

◆ **多元表現（Ｆ～Ｎ）**：課表外成果、可跨年度上傳。

◆ **百字簡介**：在校內上傳系統中，用100字簡單描述該學習歷程檔案，課程學習成果、多元表現，每一個子項目都要寫，寫完不得修改。

◆ **書審資料**：學習歷程檔案（Ａ～Ｍ）＋學習歷程自述（ＯＰＱ），二階評分項目之一，會佔一定比例（又名：審查資料、書審資料）。

學習歷程檔案各項說明

◆ 大學校系於第二階段指定項目甄試所訂之「審查資料」項目，依大學多元入學方案高中學習歷程資料分為「修課紀錄」、「課程學習成果」、「多元表現」、「學習歷程自述」、「其他」等5大項，各大項之內容於則以Ａ～Ｔ代碼表示之。

#「修課紀錄」分項說明

A：修課紀錄：在校成績單，學校會自動幫你上傳（1～6學期），就算你沒檢查也沒關係，只是錯了你就要自己承擔。

#「課程學習成果」分項說明：僅限於課堂內成果

B：書面報告：所有PDF都算，包括學習單、專題報告、心得報告。
C：實作作品：有實體作品的書面報告。
D：自然探究實作：學校自然探究實作的課程報告。
E：社會探究實作：學校社會探究實作的課程報告。

#「多元表現」分項說明：不限校內外，成績好壞都可以寫

F：自主學習：任何自發學習的知識技能，以書面報告形式呈現，未必要跟著學校安排的進度。
G：社團：校內、校外社團經驗。
H：幹部：班級幹部、社團幹部、校外組織幹部。
I：服務學習：針對特定對象或組織，提供任何的服務行動。
J：競賽：參與特定主題的比賽，有名次等級（得獎與否都可以寫）。
K：非修課紀錄成果：任何課堂以外的學習成果報告，範圍很廣，不知道可以都丟這裡。
L：檢定證照：由組織或機構開立的專業技能證照，可依個人需求決定是否寫心得。
M：特殊優良表現：由第三方單位認可的相關證明文件，例如感謝函。
N：多元表現綜整心得：是針對你勾選給校系的多元表現（F～M）做一個整合性的說明，有800字、三張圖的限制。（一階篩選通過後才需要上傳，需自行上傳到甄選委員會）

#「學習歷程自述」分項說明:(一階篩選通過後才需要上傳)

- O：高中學習歷程反思：是針對你高中時期所有的學習體驗，進行的綜合性的說明，目的是讓教授快速認識你，類似以前的自傳。
- P：就讀動機：要講述你為何想要申請這個校系。
- Q：未來學習計畫與生涯規劃：要說明你大學四年將如何學習以及發展方向。

◆ ＯＰＱ須合併成一份PDF檔，稱為學習歷程自述，限制4MB。
◆ 學習歷程自述（ＯＰＱ）上傳時間點約為五月初。
◆ 學習歷程自述（ＯＰＱ）要上傳到甄選委員會。
◆ 學習歷程自述（ＯＰＱ）大多沒有字數與格式上的限制，但部分校系有自己的格式，不一定每個校系都需要ＯＰＱ，須按照他們的簡章規範或表件進行撰寫。

#「其他」分項說明:

- R：各校系自行補充（校系自行輸入限10字）
- S：各校系自行補充（校系自行輸入限10字）
- T：各校系自行補充（校系自行輸入限10字）

#學習歷程系統上傳問題

◆ 學習歷程系統：Ｂ～Ｎ每一份檔案限制4MB，大多是每年寒暑假上傳，高三下約在四月初上傳。
◆ 每個校系簡章都會清楚說明審查資料的需求及規定，請仔細閱讀。
◆ 甄選委員會會列出你高中三年「所有」學習歷程檔案，同學可依照簡章上審查資料的項目進行勾選與上傳，不需要多傳；也不建議少給。

◆ 如果證明文件來不及在上傳前取得，可以補充到ＮＯＰＱ之中說明。

◆ 沒有證明文件的活動，可以用書面報告陳述說明參與過程與心得即可。

◆ 相似性高的檔案可合併製作，重新上傳，以節省勾選額度。

◆ 作品集的部分可以打電話到系辦，詢問是要繳交電子檔或是實體作品寄過去。

＃自行上傳者注意事項

◆ 須上傳到甄選委員會。

◆ 上傳時間約在五月初。

◆ 3件課程學習成果須合併成一份檔案，限制4MB。

◆ 10件多元表現須合併成一份檔案，每件限制4MB。

◆ 重考生一律使用自行上傳方式，修課紀錄與相關證明可回學校申請再自行上傳。

◆ 學習歷程系統勾選與自行上傳分數無異；但在容量上有極大的差異。

◆ 請同學盡量提早上傳，避免最後網路塞車。

◆ 上傳前確認檔案的正確性，包括錯字、Ａ校系傳到Ｂ校系。

別被「平凡」的學習歷程
耽誤你「非凡」的人生

編 著 者：黃仕親

執 行 編 輯：陳家宣

美 術 編 輯：鄧謹懷

出 版 者：育達文化事業股份有限公司

地 址：407056 臺中市西屯區何厝東二街 81 號

電 話：（04）2316-0117

傳 真：（04）2316-6090

劃 撥 帳 號：22605056 育達文化事業股份有限公司

書 籍 編 號：81405A（113/1）

出 版 日 期：中華民國 113 年 2 月初版

書　籍　訂　購　單

電話：（04）2316-0117#202、203、204　　　　傳真：（04）2316-6090

學　　　　校：＿＿＿＿＿＿＿＿＿　　教 師 / 學 生：＿＿＿＿＿＿＿＿

訂 購 日 期：＿＿年＿＿月＿＿日　　連 絡 電 話：＿＿＿＿＿＿＿＿

訂購書籍名稱：＿＿＿＿＿＿＿＿

班　　　　級：＿＿＿＿＿＿＿＿　　　　訂 購 數 量：＿＿＿＿＿＿＿＿

☐1號	☐11號	☐21號	☐31號	☐41號
☐2號	☐12號	☐22號	☐32號	☐42號
☐3號	☐13號	☐23號	☐33號	☐43號
☐4號	☐14號	☐24號	☐34號	☐44號
☐5號	☐15號	☐25號	☐35號	☐45號
☐6號	☐16號	☐26號	☐36號	☐46號
☐7號	☐17號	☐27號	☐37號	☐47號
☐8號	☐18號	☐28號	☐38號	☐48號
☐9號	☐19號	☐29號	☐39號	☐49號
☐10號	☐20號	☐30號	☐40號	☐50號

--✂

訂購書籍名稱：＿＿＿＿＿＿＿＿

班　　　　級：＿＿＿＿＿＿＿＿　　　　訂 購 數 量：＿＿＿＿＿＿＿＿

☐1號	☐11號	☐21號	☐31號	☐41號
☐2號	☐12號	☐22號	☐32號	☐42號
☐3號	☐13號	☐23號	☐33號	☐43號
☐4號	☐14號	☐24號	☐34號	☐44號
☐5號	☐15號	☐25號	☐35號	☐45號
☐6號	☐16號	☐26號	☐36號	☐46號
☐7號	☐17號	☐27號	☐37號	☐47號
☐8號	☐18號	☐28號	☐38號	☐48號
☐9號	☐19號	☐29號	☐39號	☐49號
☐10號	☐20號	☐30號	☐40號	☐50號